Elisabeth Mayer / Werner Klien

Pilze

zu jeder Jahreszeit

Finden · Erkennen · Zubereiten

Leopold Stocker Verlag
Graz – Stuttgart

Umschlagfoto: Samtfußrübling, Werner Klien
Fotos im Textteil: Heinz Mayer: Seite 9, 21; Günter Kronawetter sen.: Seite 28 oben, jun. Seite 60, 74; Daria Mascha: Seite 82 (Michael Diewald); Herbert Glöckler: Seite 107, 121; alle anderen Fotos wurden freundlicherweise von den Autoren zur Verfügung gestellt.

Bibliografische Information Der Deutschen Bibliothek
Die Deutsche Bibliothek verzeichnet diese Publikation in der Deutschen Nationalbibliografie; detaillierte bibliografische Daten sind im Internet über http://dnb.ddb.de abrufbar.

Hinweis:
Dieses Buch wurde auf chlorfrei gebleichtem Papier gedruckt.
Die zum Schutz vor Verschmutzung verwendete Einschweißfolie ist aus Polyethylen chlor- und schwefelfrei hergestellt. Diese umweltfreundliche Folie verhält sich grundwasserneutral, ist voll recyclingfähig und verbrennt in Müllverbrennungsanlagen völlig ungiftig.

ISBN 3-7020-1035-1

Printed in Austria
Layout: Klaudia Aschbacher, A-8101 Gratkorn
Gesamtherstellung: Druckerei Theiss GmbH, A-9431 St. Stefan, www.theiss.at

INHALT

REZEPTREGISTER

(Die Reihung der Rezepte erfolgte nach aufsteigender Seitenzahl, in Verbindung zum beschriebenen Pilz.)

VORWORT

Pilze sind begehrte „Naturschätze". Dies zeigt sich nicht nur daran, daß sie am Markt oder im Restaurant relativ teuer sind, sondern auch daran, daß die Aussicht auf selbstgefundene Steinpilze sogar Stubenhocker aus ihrem Zimmer lockt. Die Gründe für diese Faszination sind durchaus unterschiedlicher Natur: Es ist keineswegs selbstverständlich, daß man bei der Pilzsuche fündig wird; weiters bedarf es eines fundierten Wissens, aus den vielen ungenießbaren oder giftigen Arten die köstlichen, eßbaren herauszuerkennen; schließlich wurden die Muße des Pilzsuchens und der Genuß des Verzehrs häufig eher den wohlhabenden Menschen zuteil.

Jedenfalls ist das Pilzsuchen eine besonders aufregende Sammeltätigkeit, die im Bereich der Wildfrüchte mit dem Maronisammeln verglichen werden könnte, denn bei beiden Tätigkeiten wissen die Sammler nicht genau, wieviel sie finden werden. Daß der Korb ganz voll ist, kommt nicht allzuoft vor, und das macht die Sache nicht nur spannend, sondern auch außergewöhnlich. Nur besondere Pilzkenner schaffen es, mit der gewünschten Pilzart und der gewünschten Menge nach Hause zu kommen. Einfacher ist es in der Regel, sich am Markt auf „Schwammerljagd" zu begeben, was zwar nicht so beglückend, aber erfolgversprechender ist.

Egal, ob vom Markt oder direkt vom Wald – immer haftet den Pilzen jener Zauber von Bäumen, Farnen, Schatten, Moos und unberührter Natur an, der das Pilzsammeln und -finden zu einer besonders freudvollen Betätigung macht.

Immer wieder werde ich auf meinen Kräuterwanderungen von Teilnehmern gefragt, ob ich mich auch im Reich der Pilze auskenne und eventuell eine Pilzwanderung anbieten kann.

Bisher mußte ich auf meine relativ bescheidenen Kenntnisse der bekanntesten Pilzarten verweisen, die ich schon als Kind mit meinen Großeltern und Eltern gesammelt habe. Ich erinnere mich noch genau an den Duft von langsam trocknenden Steinpilzen in unserem Ferienzimmer in den steirischen Bergen. Und nur zu gut verstehe ich auch die Abneigung gegenüber unbekannten, noch nie verkosteten Pilzen. Irgendwie ist man sich ohne Fachmann nie sicher, ob man richtig bestimmt hat, und man erwartet beinahe, daß die Pilze, die man nicht kennt, schlecht schmecken bzw. giftig sind. Ich konnte und kann diese

„Reserviertheit“ immer wieder im Verwandten- und Bekanntenkreis und auch bei mir selbst feststellen. Ich nahm all dies zum Anlaß, mich nach einem Fachmann umzusehen, und nutzte die Möglichkeit, mich weiterzubilden.

Werner Klien ist ein bekannter Pilzfachmann, der nicht nur seit vielen Jahren oft mit exotischen Fundstücken heimkehrt und köstliche Rezepte kennt, sondern auch noch ein geduldiger Fotograf mit dem Blick für Besonderes und Wesentliches ist. Er hat die wunderbare Welt der Pilze für dieses Buch festgehalten – ohne sein breites Fachwissen und die Freude an diesen geheimnisumwobenen Waldfrüchten wäre es keinesfalls so ansprechend geworden. Mit großem Interesse bekam ich die abenteuerlichsten Geschichten zu hören: Vom Kaiserröhrling, der aussieht wie ein Fliegenpilz mit gelbem Fleisch, im Wienerwald vorkommt und so selten und köstlich ist, daß sein Genuß ehemals dem Kaiser vorbehalten war – Zuwiderhandeln wurde mit dem Abhacken einer Hand geahndet (Anm.: Da er so selten ist, wird er im Buch nicht behandelt). Ich hörte von Pilzen, die stets als genießbar gesammelt wurden und plötzlich Todesfälle verursachten, bis die Wissenschaftler feststellen mußten, daß der Pilz jahrelang Gift anreichert und dann tödlich wirkt. Ich erfuhr, daß es um Lärchen (*Larix* sp.) herum besonders viele eßbare Pilze gibt, da sie ein guter Mykorrhizapartner sind, und daß es Pilze gibt, die in Kombination mit Alkohol giftig sind.

All dies sowie meine persönlichen Erfahrungen möchte ich für Sie im vorliegenden Buch nach dem Jahreslauf geordnet beschreiben.

WIE DIESES BUCH VERWENDET WERDEN SOLL!

Viele Laien sind der Ansicht, daß Pilze nur in den Sommer- und Herbstmonaten zu finden sind. Dieses Buch soll Ihnen Entdeckungsreisen in die Welt der Pilze ermöglichen, die nicht saisonal bedingt, sondern zu jeder Jahreszeit möglich sind. Wer mit offenen Augen durch Wald, Feld und Wiese streift und weiß, wann er zu welcher Jahreszeit an welchen Standorten mit Pilzfunden rechnen kann, findet leichter etwas.

Aus diesem Grund habe ich die Pilze im Jahreslauf geordnet. Die in diesem Buch beschriebenen und abgebildeten Pilze sind ausschließlich wohlschmekkende Speisepilze. Bei jedem von ihnen finden Sie wichtige botanische Merkmale, Standorthinweise, Sammeltips, die Verwendung in der Pilzküche und unsere persönlichen Lieblingsrezepte.

Pilzesammeln – ein Vergnügen für die ganze Familie

Die Beschreibung des **Standortes** ist naturgemäß wichtig, um die gesuchten Pilze überhaupt zu finden. Hier kann man nachlesen, welchen Lebensraum sie bevorzugen und welches Substrat sie besiedeln – ob auf Holz, unter bestimmten Bäumen oder auf Dunghaufen von Viehweiden.

In den **„Sammeltips"** wird auf Verwechslungsmöglichkeiten hingewiesen. Die beschriebenen Unterschiede sind genau zu berücksichtigen, um böse Erfahrungen ausschließen zu können! Grundsätzlich ist es bei der Bestimmung von Pilzen besonders wichtig, die gefundenen Exemplare *genau* zu betrachten. Zusätzlich empfehle ich Ihnen, sich *alle* in diesem Buch beschriebenen Pilze anhand der **„botanischen Merkmale"** samt den erwähnten „Doppelgängern" auch mit Hilfe eines guten Bestimmungsbuches anzusehen, um die Pilze wirklich kennenzulernen. Im Zweifelsfalle ist ein Fachmann oder eine Pilzberatungsstelle *vor* der Verkostung zu Rate zu ziehen.

Die **„Verwendung in der Pilzküche"** beschreibt nicht nur die Eignung des Pilzes für verschiedene traditionelle und moderne Gerichte, sondern auch für dessen Konservierung.

„Unsere Lieblingsrezepte" beinhalten jene Zubereitungsmethoden aus unserem Pilzrezeptefundus, die uns am geeignetsten für die jeweilige Pilzart erscheinen und die wir Ihnen zum Nachkochen ans Herz legen möchten. Diese Rezeptesammlung beinhaltet Schnelles zum sofortigen Genuß, Konserviertes für später, Aromatisches zum Genießen, Feines zum Verwöhnen von Gästen, Ausgefallenes zum Ausprobieren, Traditionelles zum Erinnern und auf alle Fälle: Erprobtes, Köstliches und Empfehlenswertes!

GRUNDSÄTZLICHES ZUM BESTIMMEN VON PILZEN

- Bestimmen Sie die Pilze an ihrem natürlichen Standort, d.h. solange sie noch frisch und unbeschädigt sind.
- Zur sicheren Bestimmung der beschriebenen Pilze müssen Sie *jedes* einzelne Erkennungsmerkmal und das dazugehörige Foto des Pilzes mit Ihrem Exemplar genau vergleichen. Falls auch nur ein Merkmal nicht übereinstimmt, müssen Sie davon ausgehen, daß Sie nicht den richtigen Pilz gefunden haben.
- Junge und unterentwickelte Pilze, die Sie nicht zweifelsfrei bestimmen können, sollten Sie keinesfalls sammeln. Auch alte Pilze sollten nicht gesammelt oder verzehrt werden.
- Auch das beste Bestimmungsbuch kann nur dann vor Verwechslung schützen, wenn Sie *alle* Erkennungsmerkmale von Bild und Text mit Ihrem Fund vergleichen.
- Im Zweifelsfalle muß vor dem Genuß ein Fachmann oder eine Pilzberatungsstelle zu Rate gezogen werden.

DER BAUPLAN EINES PILZES

Ein Pilz besteht aus verschiedenen Teilen, die je nach Art ganz unterschiedlich gestaltet sind.

Die auffälligsten Teile sind sicherlich der Hut (Form, Farbe, Beschaffenheit der Oberseite, Unterseite mit Lamellen, Poren oder Leisten) und der Stiel (vorhanden oder nicht, hohl oder vollfleischig, Form und Farbe, mit Ring oder ohne). Aber auch die Farbe des Fleisches (verfärbend oder nicht), dessen Geruch und Beschaffenheit sind zur Bestimmung wichtig. An der Basis des Stieles können Knollen oder Hüllreste stehen.

Durch die Unterschiede an den Unterseiten des Hutes lassen sich Lamellenpilze in (z.B. Champignons), Porenpilze, Röhrenpilze (z.B. Steinpilze, Röhrlinge) und Leistenpilze (z.B. Eierschwammerln) einteilen.

Bauplan eines Pilzes

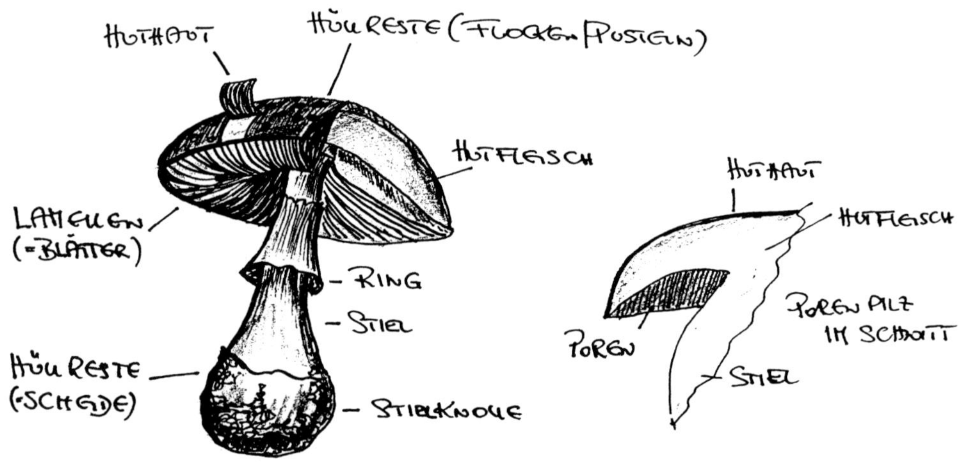

Wichtigste Bestimmungskriterien sind die anhand des Bauplanes bezeichneten Bauteile

Hutform: Von schüssel-, trichter- bis polsterförmig, konvex, flach bis zu gebuckelt, glockig, kegel- oder eiförmig.

Stielform: Von schlank und gerade bis kantig, kugelig oder bauchig, hohl oder nicht hohl. Manchmal fehlt der Stiel.

Huthaut: Farbe, Konsistenz, mit und ohne Hüllreste

Lamellen Poren Leisten: Die Unterseite des Pilzhutes ist von Lamellen (blattförmig angeordnete, mehr oder weniger brüchige dünne Blätter) oder Poren (Röhren, die wie kleine Gänge als Löcher angeordnet sind) oder lediglich Leisten (schmale Linien, die teils am Stiel herablaufen).

12 TIPS ZUM SAMMELN VON PILZEN

1. Sammeln Sie ausschließlich Pilze, die Sie kennen oder eindeutig bestimmt haben!
2. Die gepflückten Pilze in luftigen Körben oder Stofftaschen transportieren, niemals in Plastiktaschen!
3. Nicht in der Nähe vielbefahrener Straßen oder großer Parkplätze sammeln, da Pilze vermehrt Schwermetalle anreichern!
4. Putzen Sie Ihren Fund bereits an der Fundstelle gründlich, da sich ungeputzte Pilze während des Transports gegenseitig beschmutzen!
5. Nehmen Sie sich Zeit für die Ernte und das Putzen der Pilze, dies gehört mit zum Genuß des Sammelns!
6. Drehen Sie den Pilz vorsichtig aus dem Boden, bzw. schneiden Sie kleine Pilze knapp über dem Boden ab! Verschließen Sie entstandene Löcher, um das Pilzmyzel zu schützen!
7. Sammeln Sie ausschließlich gesunde, feste Pilze, lassen Sie alte und wurmige im Wald!
8. Pflücken Sie eßbare Baumpilze niemals von giftigen Wirtspflanzen, da die Pilze das Gift aus diesen aufnehmen und dann selbst giftig sind!
9. Zertreten Sie niemals Ihnen unbekannte oder giftige Pilze! Es ist unangemessen, die Gaben der Natur so zu behandeln, sie dienen Waldtieren als Nahrung!
10. Sammeln Sie nur so viele Speisepilze, wie Sie verwerten können und wie es die jeweiligen Landesgesetze erlauben!
11. Bewegen Sie sich im Wald sorgsam und rücksichtsvoll! Beunruhigen Sie die Wildtiere nicht durch lautes Rufen und Durchstreifen von Dickichten oder jungen Schonungen!
12. Niemals sollte man sich darauf verlassen, daß jene Pilze, die mit Fraßspuren von Tieren behaftet sind, auch für den Menschen eßbar sind. Viele Tiere können für uns tödlich giftige Pilze fressen, ohne daß sie den geringsten Schaden davontragen.

VORKOMMEN VON PILZEN

Pilze wachsen überall in Wäldern, Gärten und Parks, auf Äckern, Feldern, unter Hecken und in Gebüschen. Im Gebirge findet man sie ebenso wie in den Flußtälern der Niederungen. Selbst in der Stadt besiedeln sie kleinste Rasenflächen auf Parkplätzen, bei Müllplätzen – ja sogar in den Trögen auf unserer Dachterrasse wucherten unlängst die verschiedensten Pilze!

Während der Nachkriegszeit sammelten die Menschen angeblich sogar in den Trümmerfeldern zerbombter Städte üppig gedeihende Morcheln.

Pilze besiedeln die unterschiedlichsten Lebensräume. Sie wachsen scheinbar auf Erde, im Gras, auf Stroh, auf lebendem und totem Holz. Das, was der begeisterte Pilzfreund unter „Pilz“ versteht und was so emsig gesucht, gesammelt oder gekauft und genüßlich verspeist wird, ist eigentlich nur der Fruchtkörper eines spinnwebenartig im Boden, in der Laubschichte des Waldes und im Holz verbreiteten Fadengeflechtes, welches Myzel genannt wird. Dieses Myzel erschließt die Nährstoffe in den verrottenden Materialien, und aus ihm wachsen unter besonders guten Temperatur- und Feuchtigkeitsbedingungen die begehrten Pilze. Wie auch bei Früchten enthalten diese Fruchtkörper die „Sporen“, die der Verbreitung und Vermehrung dienen. Reift der Pilz aus, so werden seine Sporen vom Wind verbreitet. Gut zu sehen ist dieses Phänomen bei den zu diesem Zeitpunkt braun verfärbten Bovisten, die in der Mitte eine Öffnung haben, aus der das Sporenpulver staubt, wenn man draufdrückt.

Im Nahrungskreislauf der Natur stehen die Pilze (wie Menschen und Tiere auch) an der Stelle jener Lebewesen, die (abgestorbenes) Material zersetzen (fressen) und in seine Ausgangsprodukte zurückverwandeln. Da Pilze Pflanzen sind, die kein Blattgrün (Chlorophyll) besitzen, können sie auch gar keine organische Substanz aus Sonnenlicht selbst herstellen (Photosynthese), sie müssen schon vorhandenes organisches Material „fressen“ und erfüllen damit eine wichtige Funktion im Nährstoffkreislauf als „Zersetzer“. Auch lebende Organismen können von vielen Pilzarten als Nahrungsquelle genutzt werden.

Nach ihrer Ernährungsweise werden die Pilze in Parasiten, Saprophyten und Mykorrhizapilze (oder: Symbionten) eingeteilt.

Parasiten

Parasiten sind Schmarotzer, die jene Stoffe, die sie zum Leben brauchen, einem anderen Organismus entziehen. Hierzu zählen mikroskopisch kleine Pilze wie Mehltau bei Pflanzen oder Hautpilze beim Menschen, aber auch Großpilze wie der Hallimasch, der auch lebende Bäume befällt. Pilze befallen aber auch andere Pilze: so zum Beispiel der *parasitische Röhrling* den Kartoffelbovist.

Saprophyten

Saprophyten sind Fäulnisbewohner, die tote organische Substanz (Laub, Rinde, Stroh, Mist u. a.) besiedeln und zersetzen. Viele Großpilze, die uns Pilzsammler interessieren, gehören zu dieser Gruppe. Die meisten dieser saprophytischen Pilzarten besiedeln mit Vorliebe ihre ganz speziellen Substanzen – und der genaue Beobachter weiß, daß Wiesenchampignons gerne auf Kuhweiden wachsen ...

Mykorrhizapilze

Diese Pilze gehen eine Symbiose (Lebensgemeinschaft) mit einer Pflanze (Baum) ein, aus der beide einen Vorteil ziehen: Der feine Mykorrhizapilz umwächst die Baumwurzeln und dringt teilweise in diese ein, um ihnen Nährstoffe zu entziehen, die er selbst braucht. Durch diesen Vorgang kann der Baum das feine Pilzgeflecht mitnutzen, um die Nährstoffe im Boden, aber auch feinste Spuren von Wasser zu erschließen. Untersuchungen haben ergeben, daß Bäume mit Mykorrhizapilzen schneller wachsen und auch Standorte, die andernfalls zu mager oder zu trocken wären, auf diese Weise besiedeln können.

Viele begehrte Waldpilze wie Steinpilze, Rotkappen, Eierschwammerln (Pfifferlinge) sind als Mykorrhizapilze immer wieder bei ihren „Lebensgemeinschaftsbäumen" zu finden!

Natürlich ist es nicht möglich, auf den Tag genau vorherzusagen, wann welcher Pilz zu finden ist, doch kann ein Pilzkundiger bei genauer Beobachtung der Witterung (Temperatur und Feuchtigkeit) der vorangegangenen Wochen sowie der Mondphasen und unter Berücksichtigung des jeweiligen Lebensraumes des gesuchten Pilzes sehr gut abschätzen, ob es sich lohnt, auf Pilzsuche zu gehen oder nicht.

Wo findet man welche Pilze?

Jede Pflanzengesellschaft hat ihre eigene, typische Pilzflora. So wachsen in Laubwäldern andere Pilze als in Nadelwäldern oder auf Wiesen, auf Mooren andere Arten als in Auwäldern. Im Gebirge wiederum gedeihen andere Sorten als in Tallagen. Manche Pilzarten scheinen sich auch überall wohl zu fühlen wie der giftige Rotfußröhrling.

Pilzfachleute kennen natürlich die genauen Zusammenhänge zwischen den einzelnen Pilzarten und ihren zugehörigen Pflanzengesellschaften, aber auch für den Hobbypilzsucher erweist sich eine grobe Kenntnis dieser pflanzensoziologischen Zusammenhänge als sehr wertvoll, um fündig werden zu können.

Pilze in Fichtenwäldern

In den Mittelgebirgslagen Mitteleuropas wurden anstelle der ursprünglich heimischen Buchenlaubwälder in den vergangenen Jahrzehnten vermehrt Fichtenkulturen angepflanzt. Da diese extrem dunkel und auch trocken sind, kaum Unterwuchs haben und den Waldboden mit einer dicken Nadelstreuschicht bedecken, sind hier meistens nur in der pilzreichen Saison Pilze zu finden. Fichtenjunggehölze an den Wald- und Wegrändern sind hingegen, was das Pilzwachstum betrifft, oftmals sehr ergiebig, da sie auch feuchter sind.

Pilzreiche Reviere finden sich in lockeren, lichten Fichtenwäldern, in denen das Licht auch zum Waldboden vordringen kann. Hier gibt es Moose und Waldpflanzen, die zum Sammeln einladen. Der Hallimasch besiedelt Fichtenstämme, Fichtensteinpilz, Maronenröhrling, Eierschwammerl, Herbstrompete, Habichtspilz, Fichtenreizker, Hexenröhrling, aber auch viele Giftpilze, wie Fliegenpilz und Gallenröhrling, gedeihen hier ergiebig am Waldboden.

Pilze in Buchenmischwäldern

Von allen Laubbäumen unserer Heimat bildet die Buche gemeinsam mit der Eiche die größten zusammenhängenden Bestände. Pilze gibt es in allen Buchenmischwäldern in reicher Zahl, ausgenommen dort, wo die krautige Vegetation, besonders Bingelkraut und Brombeergestrüpp, alles andere überwuchert hat. Verschiedene Schleierlinge und Steinpilze (vor allem Eichensteinpilze), Täublinge (vor allem Frauentäublinge), Hexenröhrlinge, Maronenröhrlinge, Herbsttrompeten, Semmelstoppelpilze bewachsen den Waldboden unter ihren Wirtsbäumen, und holzbewohnende Pilze wie Austernseitling und Schwefelkopf sind auf Altholz zu finden. Auch im Buchenwald gibt es Eierschwammerln, allerdings sehen sie hier etwas anders aus: ein wenig blasser und viel größer, mit einem Durchmesser von bis zu 15 cm.

Pilze in Mischwäldern

Mischwälder aus verschiedensten Laub- und Nadelholzarten bieten einen reichhaltigen Lebensraum für Pilze: Mykorrhizapilze leben bei ihren jeweiligen Wirtsbäumen (Kiefernsteinpilze und Echte Reizker bei Kiefern, Birkenpilze bei Birken, Hallimasch auf Fichtenstämmen, Lachsreizker bei Weißtannen), Totholzbesiedler auf dem jeweils geeignetsten Totholz. Grundsätzlich kann man sagen: Je artenreicher der Wald, desto mehr Pilzarten sind zu finden!

Pilze in Kiefernwäldern und Heiden

Kiefernwälder sind meist so dicht mit Farnen und Brombeeren bewachsen, daß es hier schwer ist, Pilze zu finden. Anders verhält es sich bei Kiefernheiden, die auch mit Birken, Heidelbeeren und Besenheide bewachsen sind und mit ihrem sauren Boden ein ganz besonderes Biotop für Pilze darstellen. Angeblich sollen diese Wälder bei günstiger Witterung an ihrem Pilzreichtum nicht zu übertreffen sein. Vor allem Mykorrhizapilze der Kiefer (Kiefernsteinpilz, Kiefernreizker [= Echter Reizker]) und Birke (Birkenpilz und Maronenröhrling) sind hier zu finden. Auch andere Steinpilze und Reizker, Täublinge, Zigeuner, Eierschwammerln, Schwefelköpfe und Hallimasche gedeihen hier oft massenhaft.

Pilze in Auwäldern

Entlang von Fluß- und Bachläufen, rund um Altarme von Fließgewässern finden sich oft noch urwaldartige Gehölzbestände, in denen eine artenreiche Vegetation herrscht. Eschen, Pappeln, Eichen, Erlen, Weiden und viele andere Baumarten bilden den Baumbestand. Eine Wanderung durch einen solchen Auwald ist für jeden ein Erlebnis! Auch Pilzliebhaber wissen, warum sie diese Wälder durchstreifen, denn hier finden sich viele beliebte Frühjahrspilze, vor allem Speisemorcheln. Auch Riesenboviste, die zumeist in Brennesseldickichten versteckt sind, locken Pilzliebhaber an. Daneben gedeihen auch Morcheln und Mairitterlinge in den im Frühjahr noch niedrigen Dickichten. „Schnöde", jedoch nährstoffreiche Mündungsgebiete regulierter Flüsse und deren bewaldete Schwemmbänke sind ebenfalls Standorte für Speisemorcheln. Da in den Auwäldern auch viele Holunderbüsche wachsen, sind hier auch gute Fundorte für Judasohren!

Pilze auf Wiesen und Weiden

Wer außerhalb der Wälder über Wiesen, Weiden oder Ackerflächen spaziert oder an Gebüschen und Hecken vorbeikommt, sollte auch hier sein „Pilzjägerauge" umherschweifen lassen. Champignons und Schopftintlinge kommen auf diesen Standorten oft in großen Mengen vor. Doch Vorsicht! Auch viele giftige Champignons und Trichterlinge lieben diese Plätze.

GRUNDSÄTZLICHES ZUM VERARBEITEN VON FRISCHEN PILZEN

- Frische, gesäuberte Pilze können bis zur Zubereitung oder Weiterverarbeitung 24 Stunden lang kühl – jedoch nicht im Kühlschrank – gelagert werden.
- Essen Sie Pilze keinesfalls roh! Sie sind nicht nur schwer verdaulich, es können ihnen auch Eier des Fuchsbandwurmes anhaften. Seit der Katastrophe von Tschernobyl sind etliche Pilze, die früher roh oder als Salat gegessen wurden, nur noch gut gekocht zu verwenden (jene Pilze sind in den Pilzbeschreibungen in der Rubrik „Sammeltips" besonders hervorgehoben – etwa der Zigeuner oder der Maronenröhrling).
- Kochen, garen oder braten Sie alle Pilze etwa 15 Minuten, um sie besser verdaulich zu machen!
- Vermeiden Sie es, die Pilze zu waschen! Sie verlieren stark an Aroma. Putzen Sie sie statt dessen, wie erwähnt, gründlich an der Fundstelle, am besten mit einem grobborstigen Pinsel!
- Der Tip, übriggebliebene Pilzgerichte nicht neuerlich aufzuwärmen, erübrigt sich, wenn die Speisereste gut gekühlt aufbewahrt werden.
- Die uralte Unsitte, einen Silberlöffel in Pilzgerichten mitzukochen, damit an dessen schwarzer Verfärbung sichtbar wird, ob im Gericht ein giftiger Pilz mitverarbeitet wurde, ist natürlich nur abzulehnen!
- Auch wenn es bereits erwähnt wurde: Verarbeiten Sie ausschließlich jene Pilze, die Sie eindeutig kennen und/oder anhand aller Merkmale bestimmt haben. Jedes Zuwiderhandeln kann tödlich enden!

PILZE, WILDKRÄUTER UND WILDFRÜCHTE

Wer gerne durch Feld, Flur, Wiese und Wald streift, tut gut daran, seinen Blick nicht nur den meistgesuchten „Naturschätzen", den Pilzen, zu widmen, sondern auch nach schmackhaften Wildkräutern und reifen Wildfrüchten Ausschau zu halten; auf diese Weise wird das Suchen, Sammeln und Zubereiten von Naturfrüchten noch spannender und lohnender.

Aus den gefundenen „Schätzen" lassen sich die herrlichsten Speisenkombinationen herstellen: Gebackene Steinpilze mit Wildkräutertartar, Parasolschnitzel in Kräuterkruste, Rehleber-Eierschwammerl-Pastete mit scharfem Holunderchutney, Pilzomelette mit Mostbirnen-Ebereschen-Chutney, Schnitzel vom Schwefelporling mit süß-sauren Ingwer-Mostbirnen, bunte Antipasti-Teller mit

Frisches vom Herbstspaziergang: Pilze, Wildfrüchte und -kräuter ergänzen sich fabelhaft

marinierten Pilzen, Bärlauchknospen und Kräuterbutter sowie süß-pikantes Birnen-Holunder-Herbstrompeten-Kompott sind lediglich ein paar der möglichen kulinarischen Kreationen.

Je mehr Pflanzen Sie kennen, ernten, verkochen und verkosten, desto mehr Verwendungs- und Kombinationsmöglichkeiten werden Ihnen einfallen.

Ideen hierzu können Sie sich aus allen Wildfrüchte- und Wildkräuterkochbüchern holen, auch meine beiden vorliegenden Bücher enthalten viele Rezepte zum Nachkochen und Kombinieren.

Alle in diesem Buch angeführten Rezepte können selbstverständlich noch mit Wildkräutern ergänzt werden. So lassen sich auch die in den Rezepten angegebenen Kulturkräuter durch Wildkräuter ersetzen: Im Aroma ähnlich sind sich beispielsweise Petersilie und Giersch, Schnittlauch und Bärlauch, Liebstökkel und Bärenklau, Thymian und Beifuß, Estragon und Schafgarbe. Sie können die ersteren einfach durch wild gesammelte ersetzen.

In Pilzsuppen und -strudeln sorgt eine Kombination aus Breitwegerich und Schafgarbe für einen äußerst delikaten Geschmack, denn der Wegerich hat ein starkes Eigenaroma nach Steinpilzen und die Schafgarbe ergänzt seine Würzkraft sehr gut.

Auch Wildfrüchte, zu süß-sauren Kompotten oder scharfen Chutneys verarbeitet, passen hervorragend zu Pilz- und Wildgerichten.

KONSERVIEREN VON PILZEN

Trocknen

Das Trocknen von Pilzen ist wohl die am weitesten verbreitete und einfachste Methode, Schwammerln haltbar zu machen. Im Idealfall werden so Geschmack, Aroma und Struktur der Pilze konserviert, daß man auch außerhalb der Saison in ihren charakteristischen Genuß kommt. Manche Pilze wie etwa Herbstrompeten, Judasohren oder Morcheln sehen nach dem Einwässern der getrockneten Exemplare wieder wie frisch aus. Die meisten büßen jedoch ihre Form ein, behalten dafür aber Geschmack und Aroma.

Nicht alle Pilze eignen sich zum Trocknen, am allerwenigsten Eierschwammerln, sie werden durch den Trocknungsvorgang zäh.

Die gereinigten – keinesfalls gewaschenen – Pilze werden entweder in dünne Scheiben geschnitten (Steinpilz) oder im Ganzen belassen (Herbsttrompete, Morchelbecherling) und auf Tüchern in die Sonne gelegt oder im Backrohr bei leicht geöffneter Türe und 50° C getrocknet. Sie sollten dabei öfters gewendet werden, damit sie nicht ankleben. Das Trocknen in der Sonne erfordert mehrere Tage. Kleine, formschöne Pilzchen können auch geviertelt, geachtelt oder in dickere Scheiben geschnitten und auf Schnüre gefädelt zum Trocknen aufgehängt werden.

Die Pilze sind richtig getrocknet, wenn sie sich brechen lassen. Sie werden dann luftdicht verpackt und sind lichtgeschützt gelagert jahrelang haltbar. Gläser mit Gummidichtung und Spannverschluß sind zur Lagerung des wertvollen Gutes empfehlenswert, da getrocknete Pilze gerne von Dörrobstmotten befallen werden.

Getrocknete Pilze können aber auch gemahlen und als Pilzgewürz verwendet oder zu Gewürzsalz vermischt werden.

Zum Trocknen hervorragend geeignete Pilze sind: Steinpilze (sie gewinnen durch das Trocknen an Aroma und erhalten durch das Einweichen ihre ursprüngliche Konsistenz zurück), Maronenröhrlinge, Morcheln (ihr Aroma wird erst durch das Trocknen intensiviert), Morchelbecherlinge, Herbsttrompeten (auch ihr Aroma wird intensiver), Parasole, Habichtspilze sowie Semmelstoppelpilze. Ein reiner Gewürzpilz ist der Knoblauchschwindling (*Marasmius scorodonius*). Zum Trocknen bedingt geeignet sind Wiesenchampignons und Hallimasche.

Getrocknete Pilze werden luftdicht in Gläsern aufbewahrt

Qualitativ hochwertige getrocknete Pilze zeichnen sich durch ganze Stücke oder Scheiben aus, eine mindere Qualität ist an vielen kleinen Stückchen oder Bröseln erkennbar.

Pilzsalz

Zur Herstellung von Pilzsalz werden die getrockneten Pilze mit grobem Meersalz im Mörser zerrieben, in der Küchenmaschine gemahlen oder mit Hilfe des Stabmixers zerkleinert. Dieses Gewürzsalz kann bei vielen Speisen an die Stelle des normalen Salzes treten, es verleiht den Gerichten ein feines Pilzaroma.

Hierfür eignen sich besonders würzkräftige Pilze wie: Steinpilze, Habichtspilze, Semmelstoppelpilze, Parasole, Herbsttrompeten und Knoblauchschwindlinge. In der Würzintensität ergibt sich ein Riesensprung vom zart-aromatischen Geschmack der Morchel, über Steinpilze, Parasole und Herbsttrompeten zum herbwürzigen (bitteren) Geschmack des Semmelstoppelpilzes und Habichtspilzes.

Einfrieren

Bei dieser Methode scheiden sich die Geister der Pilzliebhaber: Die einen blanchieren die geputzten und in Scheiben geschnittenen Pilze in wenig Fett und Flüssigkeit vor dem Tiefkühlen. Die anderen schwören auf ein besseres Aroma, wenn die geschnittenen Pilze in rohem Zustand eingefroren werden. Ich persönlich friere die zum Panieren gedachten Pilze im Ganzen und unbehandelt ein, während ich jene für Suppen und Saucen blanchiert tiefkühle.

Schockgefrieren ist auf jeden Fall der Aromaerhaltung dienlich.

Roh einfrieren (in Stücken als auch im Ganzen) lassen sich Champignons, Steinpilze, Maronenröhrlinge, Herbsttrompeten, Semmelstoppelpilze, Samtfußrüblinge und Rotkappen. Manche Pilze werden meiner Erfahrung nach jedoch zäh oder bitter, wenn sie nicht zuvor blanchiert werden. Hierzu zählen vor allem Eierschwammerln und Reizker.

Zum Auftauen unblanchierter, tiefgekühlter Pilze empfiehlt es sich, diese im Gefrierbeutel einige Minuten in kochendes Salzwasser zu tauchen. Wenn sie weich sind, werden sie zum Abtropfen aufgelegt, in Scheiben geschnitten und wie frische Pilze weiterverarbeitet.

Auch Geschmorte Pilze und Duxelles lassen sich ganz einfach bis zur Wiederverwendung tiefkühlen.

Der Knoblauchschwindling wird als Pilzsalz verarbeitet

Pilzpaste
(Duxelles)

Hierbei handelt es sich um die wohl berühmteste Pilzzubereitungsart in der internationalen Küche. Die Paste läßt sich sehr gut konservieren, indem man sie heiß in kleine Gläser füllt und die Oberfläche dick mit Öl bedeckt.

Grundrezept

1 kg feste Pilze (auch mit Champignons gemischt) • 500 g Schalotten • 1 Bund Petersilie • Weißwein • reichlich Olivenöl • Salz • weißer Pfeffer nach Geschmack

Die Pilze werden fein gehackt und die Schalotten in Öl angeschwitzt. Danach werden die Pilze beigefügt und so lange geröstet, bis sämtliche Kochflüssigkeit verdampft ist. Dann wird mit etwas Weißwein abgelöscht und mit der feingehackten Petersilie sowie den Gewürzen abgeschmeckt.

Geschmorte Pilze

Geschmorte Pilze können als Beilage zu Reis, Fleischgerichten, Kartoffeln und als Beigabe zu Saucen, Risottos oder Suppen verwendet werden.

Grundrezept
Für 1 kg sauber geputzte, in Würfel geschnittene Pilze werden 100 g Butter in einer hohen Pfanne zerlassen und 3 gehackte Schalotten oder eine kleine gehackte Zwiebel sowie eine gehackte Tomate etwa 5 Minuten angebraten. Dazu werden dann die Pilze gegeben. Diese Mischung wird etwa 8 Minuten bei mittlerer Hitze schmoren gelassen, bis die Pilze zusammengefallen sind. Danach würzt man mit Salz, Pfeffer, 2 EL gehacktem Estragon und schmeckt das Ganze mit etwas Zitronensaft ab. Die fertiggeschmorten Pilze werden heiß in kleine Gläser gefüllt, die gut verschlossen im Backrohr im heißen Wasserbad bei etwa 100° C sterilisiert werden, bis kleine Bläschen in den Gläsern aufsteigen (das dauert etwa 30 Minuten). Lassen Sie die Gläser im heißen Backrohr auskühlen und lagern Sie diese dunkel und kühl.

Für diese Zubereitungsart eignen sich: Eierschwammerln, Champignons, Hallimasche, Röhrlinge, Steinpilze, Seitlinge und gemischte Pilze, wobei es sich, meiner Meinung nach, immer lohnt, die Pilze wegen ihres unterschiedlichen Aromas sortenrein zu verarbeiten.

Einlegen in Essig und Öl

Pilze in Essig einzulegen, ist eine nicht alltägliche, aber empfehlenswerte Idee, die so manchen verwöhnten Gaumen erfreuen wird.

Die Pilze werden dazu in mundgerechte Stücke geschnitten, in heißem Gewürzessig 5 Minuten aufgekocht und dann wieder entnommen, damit sie ihre Form behalten und nicht zusammenfallen. Die abgetropften, ausgekühlten Pilze werden nun samt den ihnen anhaftenden Kräuter- und Gewürzstückchen in Gläser gefüllt, die mit Olivenöl aufgefüllt und gut verschlossen werden.

Eingelegte Pilze sind delikate Beilagen zu mariniertem Fisch, kalten Fleischgerichten, Pasteten, Käsegerichten wie Fondue und zu Wild- und Geflügelgerichten.

Gut geeignet zum Marinieren sind: Steinpilze, Totentrompeten, Eierschwammerln, Champignons, Rotkappen.

Einsalzen

Neben dem Trocknen zählt das Einsalzen zu den ältesten Konservierungsverfahren. Noch heute findet es in vielen Ländern für Fleisch, Fisch, Gemüse und Pilze Verwendung. Dabei werden die gesäuberten – keinesfalls gewaschenen – Pilze einfach in reichlich Salz in Steinguttöpfe oder Weckgläser geschichtet. Auf drei Teile Pilze rechnet man etwa einen Teil Salz, die unterste und oberste Schicht muß aus Salz bestehen. Die Pilze können immer wieder in Schichten nachgefüllt werden, zum Schluß wird der Inhalt fest zusammengedrückt und das Gefäß gut verschlossen. Es bildet sich dann eine konservierende Salzlake, in der die Pilze liegen.

Besonders gut hierfür geeignet sind: Echte Reizker sowie alle jungen, festen Pilze.

Einlegen in Alkohol

Eine Besonderheit stellt das Einlegen von Pilzen, etwa Pfifferlingen, in Alkohol dar, wodurch sie ein süßes Aroma bekommen sollen. Meiner Meinung nach eher eine „schräge" Kombination!

Eierschwammerln in Essig, marinierte Steinpilze, gemischte Pilze in Olivenöl, Eierschwammerln, süß eingelegt (v. li. n. re.)

Steinpilzgewürzöl, Herbsttrompetenöl, Pilzsalz, Steinpilzessig (v. li. n. re.)

WEITERVERARBEITEN KONSERVIERTER PILZE

Getrocknete Pilze

Getrocknete Pilze werden vor der Zubereitung 24 Stunden lang, zumindest aber über Nacht in kaltem Wasser oder Milch eingeweicht. Sie können dann samt der Einweichflüssigkeit wie frische Pilze verwendet werden. Schütten Sie diese Flüssigkeit niemals weg, da sie sehr aromatisch ist! Falls zuviel davon anfällt, kann diese ja beim Kochen reduziert oder schon vorher gesondert eingekocht werden.

Man rechnet bei getrockneten Pilzen damit, daß sie in der zehnfachen Menge kalten Wassers eingeweicht werden (100 g auf 1 l Wasser) und dann etwa 1 kg Frischpilzen entsprechen.

In Suppen und Saucen, die ohnehin gekocht werden, können getrocknete Pilze auch ohne vorheriges Einweichen eingelegt werden.

Achten Sie unbedingt darauf, daß die Pilze gekocht werden, bis sie ausgequollen sind! Dies dauert etwa 15 Minuten. Sie gehen dann unter und schwimmen nicht mehr obenauf.

Pilzsalz

Pilzsalz sollte auf jeden Fall mit den Speisen mitgekocht werden, da die in ihm enthaltenen getrockneten Pilze ja als roh zu betrachten sind. Fügen Sie das Salz also gleich zu Beginn des Kochvorganges bei, oder rösten Sie es schon mit den Zwiebeln gemeinsam in Butter oder Öl an. Es eignet sich hervorragend zum Würzen von Suppen, gekochten Saucen, für Soufflés, aber auch zum Würzen von Brot oder Teigtaschen.

Eingefrorene Pilze

Diese werden entweder noch tiefgekühlt Saucen, Suppen oder Risottos beigefügt oder noch tiefgekühlt paniert und gebraten.

Eingelegte Pilze

Eingelegte Pilze sollte man vor der Verwendung etwas abtropfen lassen, dann können sie am besten auf Brötchen oder Salaten angeordnet werden.

Pilzpaste (Duxelles)

Diese Paste eignet sich gut zu Fondue, kaltem Fleisch, Braten, auf Toast oder Brötchen, sie läßt sich aber auch in Saucen und Suppen mischen. Da die Pilze ja bereits fertig gegart sind, sollte die Pilzpaste erst zum Schluß in die fertige Sauce oder Suppe eingerührt werden.

Geschmorte Pilze

Geschmorte Pilze eignen sich besonders gut zur Weiterverwendung in Nudelgerichten, Suppen, Saucen, Risottos, aber auch für Terrinen und Soufflés sowie für überbackene Brötchen. Besonders schmackhaft ist auch eine Mischung der geschmorten Pilze mit Crème fraîche, die in Folienkartoffeln gefüllt wird. Wie auch bei der Pilzpaste sind hier die Zutaten schon fertig gedünstet und müssen nur noch am Schluß beigefügt werden.

Eingesalzene Pilze

Eingesalzene Lebensmittel werden vor der Weiterverwendung gut gewaschen oder gewässert, beim Salzen der Speisen muß der Salzgehalt der Pilze berücksichtigt werden!

WERT DER PILZE

Zur Beurteilung des Wertes eines Pilzes für uns Hobbysammler sind folgende Fragen von Bedeutung: Ist der Pilz eßbar? Schmeckt er gut? Ist sein Aussehen appetitlich? Sind die Inhaltsstoffe des Pilzes verträglich? Welchen Nährwert hat er? Ist er relativ leicht zu erhalten? Dazu im folgenden einige Gedanken von meiner Seite:

Ist der Pilz eßbar? Schmeckt er gut? Ist sein Aussehen appetitlich?

„Eßbar" sind all jene Pilze, die ohne Einschränkung in der Küche unter der Voraussetzung Verwendung finden können, daß sie ausreichend lange gekocht werden. Ungekochte Pilze sollten im Zeitalter des Fuchsbandwurmes bzw. seit der Katastrophe von Tschernobyl nicht mehr gegessen werden. Bedingt genießbare Arten und solche, die nicht gut schmecken, werden als *„minderwertig"* bezeichnet. *„Ungenießbar"* sind jene Pilze, die zu scharfe oder zu bittere Aromastoffe enthalten, die stinken oder von unappetitlichem Aussehen oder steinharter Konsistenz sind. Der Übergang zwischen diesen Klassifizierungen ist nach Geschmack der jeweiligen Pilzfreunde naturgemäß fließend. Was dem einen zu scharf ist, ist für den anderen *„gschmackig".* Was der eine als ekelhaften Brei abtut, ist dem anderen ein interessanter Biß. Hier heißt es einfach ausprobieren, kombinieren mit unterschiedlichen Zutaten und verkosten.

„Giftpilze" sind hingegen eindeutig klassifiziert, hier soll es für uns Hobbypilzsammler und -köche auch kein Experimentieren und Versuchen von „kleinen Mengen" geben! Giftigkeit sieht jedoch für Fachleute oft völlig anders aus: So werden immer wieder Pilze entdeckt, die, wie etwa der „Kahle Krempling", äußerst seltsame und gefährliche Wirkungen zeitigen: Dieser von erfahrenen Pilzsammlern jahrelang gesammelte und geschätzte Speisepilz löste bei manchen Menschen schwerste Erkrankungen und Todesfälle aus, offensichtlich eine nicht näher bestimmbare Überempfindlichkeit gegen gewisse Inhaltsstoffe des Pilzes. Mittlerweile ist bekannt, daß das im Kahlen Krempling enthaltene Gift auf einem komplizierten Mechanismus beruht, nämlich auf der Bildung von Antigenen im menschlichen Blut. Nach jeder Mahlzeit bildeten sich neue Antigene, die sich addierten und je nach Anfälligkeit der Personen Krankheiten wie Anämie, Gelbsucht oder sogar Todesfälle auslösten. Trotz dieses eindeutigen

Beweises der Medizin behaupten viele Pilzkenner noch immer, daß der Kahle Krempling eßbar ist.

Die zwei Schwammerl-Genuß-Regeln

In diesem Zusammenhang sei auch Paracelsus: „Die Menge macht das Gift" zitiert. Dies trifft bei den Pilzen für die „ungenießbaren" zu, die vom einen vertragen werden, während der andere davon Bauchweh bekommt. Giftige Pilze sind allerdings für alle Menschen giftig, da gibt es keine Unterschiede.

Auch gibt es Pilze, die nur roh oder in Kombination mit Alkohol giftig sind. Vermutlich leiten sich daher jene zwei Schwammerl-Genuß-Regeln des Volksmundes ab, die ich schon von meinen Großeltern gelernt habe: **„Zu Schwammerln gehört kein Alkohol!"** Und: **„Schwammerln müssen gut gekocht werden!"** Allerdings muß man dabei berücksichtigen, daß man bei manchen Pilzen auch einige Tage vorher und nachher auf Alkohol verzichten muß! (Mehr dazu im Kapitel „Gute Speisepilze, die im Zusammenhang mit Alkohol besonders behandelt werden müssen", Seite 136)

Es gibt eine ganze Reihe von Pilzarten, die roh genossen unbekömmlich oder auch sehr giftig sind, deren Giftstoffe jedoch beim Kochen durch die höheren Temperaturen zerstört werden. Hierzu gehören Hallimasch, Flockenstieliger, Netzstieliger Hexenröhrling, Habichtspilz, Perlpilz und verschiedene Täublinge. Dieses Phänomen kennen wir ja auch aus der Gemüseküche (Kartoffeln, Bohnen) und aus der Wildfrüchteküche (Schwarzer Holunder).

In Tabellenform könnte man das bisher Gesagte folgendermaßen darstellen:

Eßbar Edle Speisepilze	**Minderwertig** (ungiftige Pilze, deren Genuß aber reine Geschmackssache ist)	**Ungenießbar** (nur echte „Pilznarren" sammeln und essen sie – können Gesundheitsstörungen auslösen)	**Giftig** (lösen durch Giftstoffe unterschiedlichster Wirkungsweise Gesundheitsstörungen aus)
Trüffel, Morchel, Steinpilz, Eierschwammerl u.a.	Pilze, die leicht breiig werden, schnell verderben oder von unappetitlichem Aussehen sind, z.B. älterer Schopftintling	Schwer verdauliche Pilze, scharfe, bittere und „steinharte" Sorten	Knollenblätterpilz, Pantherpilz, Fliegenpilz ...

Gifte in Pilzen

Zellgift	Nervengift	Antigene	Magen-Darm-Gift
Knollenblätterpilz Frühjahrslorchel	Pantherpilz, Fliegenpilz, Ziegelroter Rißpilz	Kahler Krempling	Satanspilz, Karbolegerling, Riesenrötling

Sind die Inhaltsstoffe des Pilzes verträglich? Welchen Nährwert hat er?

Früher bezeichnete man Pilze oft als das „Fleisch des Waldes", was auf ihren Gehalt an Eiweißstoffen zurückzuführen ist. Zwar liegt dieser mit 2,5–3,5 % weit unter jenem von Fleisch, allerdings ist das Pilzeiweiß zu beinahe 90 % vom menschlichen Körper verarbeitbar. Das heißt, daß ein Mensch täglich 1–2 kg Pilze verzehren müßte, um seinen täglichen Gesamt-Eiweißbedarf zu decken. Dies ist allerdings unrealistisch.

Dennoch sind Pilze als zusätzliche Eiweißquelle von Bedeutung. Besonders in den asiatischen Ländern wird daher schon seit längerer Zeit die Kultur von Pilzen in größtem Ausmaß betrieben (z.B. Shitake-Pilz, Judasohr).

Pilze enthalten auch Kohlenhydrate, Fette, Mineralsalze, Rohfasern und Vitamine, deren Gehalt von Art zu Art sehr stark variiert. So enthalten beispielsweise Champignons, Speisemorcheln und Birkenpilze mit mehr als 1 % relativ viele Mineralstoffe, besonders Kaliumsalze und Phosphate. Pilze sind als eiweiß- und mineralstoffreiche Nahrung besonders in Kombination mit kohlehydratreichen Nahrungsmitteln wie Kartoffeln und Getreide sehr wertvoll.

Leider enthalten Pilze seit der Katastrophe von Tschernobyl auch all jene radioaktiven Substanzen, die sich als gesundheitsschädlich für Mensch und Tier erwiesen haben. Durch ihre Anreicherung im Waldboden sind sie auch in Waldpilzen in höheren Konzentrationen zu finden – wiederum von Art zu Art stark variierend. So sagen Fachleute, daß der Maronenröhrling (Cäsium), aber auch Mönchskopf und Eierschwamm (Cadmium) nicht öfter als zweimal pro Saison verzehrt werden sollten.

Auch Schwermetallverbindungen – Cadmium, Quecksilber, Blei – können in manchen Pilzen in großen Mengen nachgewiesen werden. Diese Werte überschreiten zum Teil erheblich die von den Gesundheitsstellen empfohlenen Höchstwerte für Lebensmittel. Auch hier gibt es wieder große Schwankungen zwischen den einzelnen Arten.

Vorsorgliche Tips seitens der Gesundheitsbehörden lauten daher, pro Woche nicht mehr als zwei Mahlzeiten aus Wildpilzen (zu je 250 g) zu konsumieren.

Da Pilze, wie schon erwähnt, Eiweiß enthalten, kann dieses, falls es verdorben ist, wie bei Fleisch und Fisch auch zu Vergiftungen führen. Es gibt eine Reihe von Vorkehrungen, die man treffen kann, um davor verschont zu bleiben:

- Verwenden Sie niemals alte, zerfressene, vermadete, schimmlige oder vom Regen völlig aufgeweichte Pilze, da ihr Eiweiß schon verdorben sein kann!
- Sammeln Sie keine Pilze, die nach Frösten wieder aufgetaut sind, außer den Winterpilzen!
- Verwenden Sie niemals Plastiksäcke zum Transportieren, da durch die erhöhte Feuchtigkeit und Temperatur in den Säcken die Eiweißzersetzung beschleunigt wird!
- Maronenröhrling und Rotfußröhrling können vom Goldschimmel befallen werden, der zunächst kaum erkennbar ist und zu schweren Vergiftungen führt.
- Lagern Sie schon zubereitete Pilzmahlzeiten kühl und in gut schließenden Gefäßen, niemals jedoch in Metallgefäßen (außer Edelstahl)!

Ist der Pilz relativ leicht zu erhalten?

Wer den Lebensraum der Pilze genau kennt und sich an Temperatur, Feuchtigkeit und Mondphasen zu orientieren versteht, weiß genau, wann es sich lohnt, auf Pilzsuche zu gehen, und wann es besser ist, sich am Markt umzusehen. „Übung" und Erfahrung machen hier sicherlich den Meister.

Da wahrscheinlich im Schnitt gut die Hälfte der Pilze im Wald von „normalen" Augen ohnehin übersehen wird, ist es meiner Meinung nach kein Problem, ein bestimmtes Gebiet, in dem man sich gut auskennt, zu den unterschiedlichsten Zeiten intensiv abzusuchen, um einfach „Übung" im Sehen und Finden zu bekommen. Außerdem braucht man ja nicht alle gefundenen Exemplare auszureißen. Ist der Korb für den Bedarf gefüllt genug, kann man sich auch einfach nur an seinem Fund an Ort und Stelle erfreuen, ohne ihn zu pflücken.

Das „intensive Absuchen eines Gebietes" bedeutet natürlich nicht, daß man in organisierten Horden, mit Funkgeräten ausgerüstet, ganze Waldgebiete durchkämmen soll, um jeden kleinen, sprießenden Pilz auszureißen, wie es mancherorts in Lokalzeitungen zu lesen ist. Wegen solcher „Pilzfreunde" müssen leider Sammelverbote zu gewissen Zeiten (z.B. Spätherbst) und Mengenbeschränkungen pro Person erlassen werden (in Vorarlberg sind dies beispielsweise 2 kg pro Person und Tag).

Schade, daß diese naturverbundene Tätigkeit des Pilzesammelns, -verarbeitens und auch -verkaufens (in naturverträglichen Mengen) und damit der Wald als Nahrungs- und Einkommensquelle schon so negativ behaftet sind.

WINTER – VORFRÜHLING (Dezember – Februar)

Wer im Winterwald umherstreift, findet natürlich auch Überreste von Pilzen der Herbstsaison; besonders Boviste haben ihre schwarzen Kugelhüllen hinterlassen, und nicht nur Kinder finden es lustig, durch vorsichtiges Drauftreten eine schwarze Staubwolke auszulösen. Auch hervorragende Speisepilze, etwa der Austernseitling, der Samtfußrübling und das Judasohr, locken den Feinspitz aus dem Haus. Besonders in Laubwäldern sind sie zu finden, denn sie besiedeln abgestorbene Baumstämme, der Austernseitling vor allem alte Buchenstämme und der Samtfußrübling weiche Laubhölzer wie Weide und Pappel. Das Judasohr hingegen besiedelt bevorzugt alte Holunderstämme. Charakteristisch für Austernseitling und Samtfußrübling ist, daß sie in der kalten Jahreszeit fruktifizieren und nur dann zu finden sind!

Im Winter muß man wissen, wo Pilze zu finden sind!

JUDASOHR (Chinesische Morchel)
(Hirniola auricula judae)

Botanische Merkmale: Das Judasohr sieht nicht aus wie ein gewöhnlicher Pilz mit Hut und Stiel, sondern ist ein aus zäher Gelatine gallertig-schwabbeliges Gewächs, das die muschelförmige Form eines menschlichen Ohres hat. Seine Farbe wechselt von bräunlich-grau bis grauschwarz. Im ausgereiften Zustand ist das Judasohr 5–10 cm breit und tatsächlich wie ein Ohr geformt, das von Adern durchzogen ist; junge Pilze sprießen wie nach oben offene Muscheln aus dem Holunderholz. Ein Stiel ist nicht erkennbar. Wer den Pilz pflückt und anfaßt, merkt, daß er weich-gallertig, im feuchten Zustand glitschig ist.

Standort: Das Judasohr ist ein Holzbewohner und wächst besonders nach Regenperioden in Gruppen auf alten, abgestorbenen Stämmen und Ästen des Schwarzen Holunders *(Sambucus nigra).*

Sammeltips: Das Judasohr ist ein Ganzjahrespilz, der besonders im Winter zu freudigen Pilzfunden beitragen kann, wenn die meisten Pilzsucher gar nicht erst auf Suche gehen, da sie diese Zeit für unfruchtbar halten.

Es gibt noch andere Baumpilze, die am Holunder wachsen und nicht giftig – nur schwer verdaulich – sind: die *Drüslinge,* die klumpenartig zusammenwachsen, und den *Gezonten Ohrlappenpilz,* der nicht einfärbig ist, sondern jahresringartig gezonte Farbstreifen aufweist und in ausgewachsenem Zustand lappenartig herabhängt.

Manchmal kommt es vor, daß das Judasohr auf Eiben *(Taxus baccata)* oder dem Spindelstrauch *(Euoinimus europäus)* wächst. In diesem Fall dürfen die Pilze keinesfalls gegessen werden, da sie das Gift der Wirtspflanzen aufnehmen und somit selbst giftig sind!

Verwendung in der Pilzküche: Der besonders in Ostasien beliebte und dort auch kultivierte Speisepilz ist getrocknet auch bei uns in Asiengeschäften und auf gut sortierten Märkten erhältlich. Es gibt in der chinesischen Küche wohl kaum ein Gericht, in welchem das Judasohr fehlt: Sowohl Suppen als auch Reisgerichten sowie Fleisch-, Fisch- und Gemüsesaucen wird dieser Pilz beigegeben.

In der heimischen Pilzküche kann das Judasohr ähnlich verwendet werden: als Beigabe zu Wild- und Geflügelsaucen, in Gemüsereis, aber auch kalt zubereitet im Wurstsalat. Dieser Pilz eignet sich sehr gut zum Trocknen und gewinnt dabei an Aroma. Er muß vor der Verarbeitung über Nacht in Wasser eingeweicht werden, damit er elastisch wird.

Das Judasohr wurde im Altertum und Mittelalter zu Heilzwecken bei Augen- und Halskrankheiten verwendet, vermutlich auch deshalb, weil alle Teile des Holunderstrauches zu Heilzwecken gebraucht wurden und der Pilz ja vorzugsweise am Holunderholz wächst.

Lieblingsrezepte

WURSTSALAT MIT CHINESISCHEN MORCHELN

250 g Extrawurst, in bißgerechten Würfeln • 2 Handvoll Judasohren • 250 g Cocktailtomaten • 1 Zwiebel • etwas Knoblauch • Olivenöl • Essig • 4 EL Petersilie • Salz und Pfeffer zum Abschmecken

Aus Essig, Öl und den Gewürzen wird eine Marinade zubereitet, in die die Pilze und die gehackte Zwiebel zum Ziehen einige Stunden eingelegt werden. Dann werden die Cocktailtomaten, die Wurstwürfel und die Petersilie beigemengt und der Salat mit getoastetem Brot serviert.

CHINESISCHE GEMÜSEPFANNE MIT JUDASOHREN

1 große Zwiebel • 3 Karotten • 1 kleiner Chinakohl • 1 Handvoll Champignons • 1 Handvoll Judasohren • 1 Tasse Sojakeimlinge • etwas Speiseöl • Salz und Sojasauce zum Abschmecken

Der feinblättrig geschnittene Chinakohl wird mit der blättrig geschnittenen Zwiebel und den gehobelten Karotten in einer tiefen Bratpfanne oder im Wok im heißen Öl etwa 5 Minuten unter ständigem Wenden angebraten. Nun gibt man die blättrig geschnittenen Champignons und die Judasohren bei und läßt die Gemüse-Pilz-Mischung nochmals unter weiterem ständigem Wenden bei großer Flamme 5 Minuten weiterdünsten. Dann werden die gewaschenen Sojakeimlinge beigefügt und das Gericht mit Salz und Sojasauce abgeschmeckt. Die

Speise sollte noch weitergaren, bis die Sojakeime bißfest bzw. gar sind. Dazu serviert man Reis.

HIRSCHRAGOUT MIT JUDASOHREN

500 g Hirschfleisch (Ragoutqualität) • 3 Handvoll Judasohren • 1 große Zwiebel • 3 große Karotten • 3 Petersilienwurzeln • 100 ml Speiseöl • etwas Mehl • 250 ml Süßrahm • Salz • Majoran • Pfeffer

Das Hirschfleisch wird in daumendikke Streifen geschnitten und mit der feingehackten Zwiebel sowie dem feingeschnittenen Wurzelwerk im stark erhitzten Speiseöl rasch angebraten und mit etwas Wasser aufgegossen. Die zuvor in leicht gesalzenem Wasser 5 Minuten gekochten Judasohren werden beigefügt und das Ragout etwa eine ½ Stunde gar gekocht. Nun bereitet man aus dem Süßrahm und dem Mehl eine klumpenfreie Mischung, die in das Ragout eingerührt wird, das man nochmals aufkochen läßt und anschließend mit den Gewürzen abschmeckt. Als Beilage serviert man am besten Reis, Semmelknödel oder Salzkartoffeln.

Judasohren sind in verschiedenen Braun- und Schwarztönen zu finden

GELBSTIELIGER MUSCHELSEITLING
(Panellus serotinus)

Botanische Merkmale: Dieser Pilz ist seinem nahen Verwandten, dem Austernseitling (s. „Spätherbst"), zum Verwechseln ähnlich. Seine Oberfläche ist jedoch meist grünlich bis gelb oder bronzebraun, aber auch taubenblau wie beim Austernseitling.

Standort: Der Gelbstielige Muschelseitling ist ein Baumpilz und wächst auf Erlen und Weiden, die hauptsächlich in Auwäldern zu finden sind. Er wächst auch auf Buchenstämmen.

Sammeltips: Der Gelbstielige Muschelseitling ist ein ausgesprochener Winterpilz, da er im Winter fruktifiziert.

Verwendung in der Pilzküche: Dieser Pilz eignet sich hervorragend für Suppen und zum Bereiten von Schwammerl-Rührei.

Gelbstieliger Muschelseitling

Lieblingsrezepte

PILZOMELETTE

5 Eier • 500 g Gelbstielige Muschelseitlinge oder gemischte Pilze • 150 g Butter • 3 Handvoll Petersilie • Pfeffer • Salz

Die halbierten bzw. streifig geschnittenen Pilze werden in der heißen Butter auf kleiner Flamme geröstet, anschließend zugedeckt und etwa 15 Minuten gedünstet. Das entstandene Kochwasser verdampft durch Weiterdünsten bei abgenommenem Deckel. Die nun bißfest gedünsteten Pilze werden anschließend mit den verquirlten, gewürzten und mit der feingehackten Petersilie gemischten Eiern übergossen, bis die Eier gestockt sind. Servieren Sie das Pilzomelette mit Semmelknödeln oder Toastbrot.

SCHWAMMERLGULASCH

500 g Gelbstielige Muschelseitlinge oder mit Eierschwammerln gemischt • 500 g feingehackte Zwiebeln • 2 Knoblauchzehen • 1 TL Paprikapulver, edelsüß • 100 g Butter • 2 EL Mehl • 250 ml Süßrahm • Salz • Estragon • Chilipulver nach Geschmack

Die gehackte Zwiebel wird in der Butter angeröstet, bis sie glasig ist, dann werden die gehackten Knoblauchzehen und der Paprika (evtl. Chilipulver) beigefügt und nach etwa 2 Minuten mit Wasser abgelöscht. Nun werden die Pilze in mundgerechte Stückchen geschnitten, beigefügt und das Schwammerlgulasch etwa 30 Minuten gedünstet. Anschließend wird das Gulasch mit einer Mischung aus Süßrahm und Mehl aufgegossen, noch einmal kurz aufgekocht und mit dem feingehackten Estragon sowie Salz abgeschmeckt. Servieren Sie dazu Semmelknödel oder Petersilien- bzw. Wildkräuterkartoffeln!

SAMTFUSSRÜBLING (Winterrübling)
(Flammulina velutipes)

Botanische Merkmale: Samtfußrüblinge wachsen in dichten Büscheln an Baumstüpfen, haben relativ kleine, gelblichbraune Hüte von 2–5 cm Durchmesser, wobei der Hutrand deutlich heller ist. Junge Exemplare haben einen kugeligen Hut mit eingerolltem Hutrand, während dieser später flach wird, mit einem kleinen Buckel in der Mitte. Die Hüte sind so dünn, daß sie am Rand durchscheinend und gerieft sind. Bei Regen werden sie sehr glitschig. An der Unterseite des Hutes findet man Lamellen, die ziemlich dick, unregelmäßig lang und in recht großen Abständen stehen. Ihre Farbe ist erst weiß, mit zunehmendem Alter gelblichbraun. Die Lamellen sind am Stiel angewachsen, laufen aber nicht daran herab. Der dünne, gelbliche Stiel des Samtfußrüblings ist, wie sein Name schon sagt, dicht mit dunklen Härchen überzogen. Dieses Merkmal prägt sich vom Hut zum Stielende hin immer deutlicher aus. Der Stiel ist im jungen Zustand voll, dann wird er hohl.

Standort: Der Samtfußrübling ist ein Baumpilz, der auf alten Baumstümpfen von Weiden, Eschen und gelegentlich auch Fichten vorkommt. Besonders in Auwäldern, wo viele Weiden und Eschen vorkommen, lohnt es sich, nach ihm Ausschau zu halten.

Sammeltips: Dieser Pilz ist wohl der häufigste, beste und meistgesuchteste Winterpilz, der bei uns von November bis März vorkommt (siehe Titelbild).

Verwechselbar wäre der Samtfußrübling mit dem *Grünblättrigen Schwefelkopf*, der nach seinem Genuß schwere Verdauungsstörungen hervorruft. Wie der Name schon gut beschreibt, ist sein Hut erst kugelig, dann flacher und am Rand schwefelgelb gefärbt. Auch das Fleisch ist schwefelgelb! Der Hut ist am Rand nicht durchscheinend und nicht gerieft, an seiner Unterseite sind die Lamellen erst gelb, dann hellgrün. Der wesentlichste Unterschied aber ist der Stiel: Dieser ist beim Grünblättrigen Schwefelkopf unbehaart und von gelber, an der Basis braunrötlicher Farbe. Wer ihn kostet, wird ihn wegen seines ekelhaft bitteren Geschmackes sofort ausspucken! Auch mit dem *Nadelholz-Häubling* könnte eine Verwechslung passieren, dieser ist jedoch viel kleiner und hat einen nackten Stiel. Er ist sehr giftig und wächst von August bis Oktober.

Verwendung in der Pilzküche: Vom Samtfußrübling werden ausschließlich die Hüte verwendet, die Stiele sind zäh und sollten entfernt werden. Besonders

Samtfußrübling

geeignet ist er für Suppen (Kartoffelsuppe), aber auch mit Rührei und Speck schmeckt er vorzüglich. Dieser Pilz eignet sich nicht zum Trocknen, da er zäh wird, wohl aber zum Tiefkühlen, in Kunststoffdosen verpackt.

Der Samtfußrübling ist ideal für eine Heimkultur, da er auf abgestorbenen Baumstämmen leicht zu züchten ist.

Lieblingsrezepte

TASCHERLN MIT SAMTFUSSRÜBLING

Blätterteig vom Bäcker oder selbstgemacht • 400 g feingeschnittene Kappen des Samtfußrüblings • 40 g Butter • 1 feingehackte, mittlere Zwiebel • 2 EL Semmelbrösel • 1 TL Salz • feingehackter Estragon und Petersilie • 1 Ei zum Bestreichen

Die Zwiebeln werden mit den Pilzen und den Gewürzen in der Butter angebraten und auf mittlerer Flamme etwa 15 Minuten gegart. Aus dem Blätterteig werden etwa 10 x 10 cm große Quadrate ausgeschnitten, die mit etwa 1 großen EL der ausgekühlten Pilzfüllung befüllt werden. Nun werden die vier Ecken der Teigstücke so übereinandergelegt, daß sie einander gut überlappen, und an den Rändern zusammengedrückt. Die mit dem verquirlten Ei bestrichenen Tascherln werden im vorgeheizten Backrohr auf einem gut befetteten Blech bei 180° C hellbraun gebacken und warm zu Blattsalat serviert!

KRÄUTERFEEN-TOPF

250 g gemischte Wildpilze (Samtfußrüblinge, Champignons, Austernpilze, Hallimasche, Steinpilze u.a.) • 2 EL Butter • 1 kleine Zwiebel • 25 g Frühstücksspeck • 1 mehlige Kartoffel • 1 l Gemüsebrühe oder Wasser • 1 EL getrocknetes Liebstöckel • 1 Becher Crème fraîche • 2 Eigelb • 1 Handvoll frischer Bärlauch oder Schnittlauch • Salz und Pfeffer • 4 Scheiben getoastetes Schwarzbrot

Zunächst schneidet man die geputzten Pilze in mundgerechte Stücke. In einem Topf werden nun die gehackte Zwiebel und der würfelig geschnittene Frühstücksspeck angeröstet, dann die in kleine Würfel geschnittene Kartoffel und das Liebstöckel beigefügt und mit Wasser oder der Gemüsebrühe aufgegossen. Nun werden die Pilze in die Suppe eingelegt. Diese wird leicht geköchelt, bis die Kartoffelstückchen fast zerkocht sind. Danach nimmt man den Topf vom Herd und fügt die Crème fraîche, die Eigelb sowie die feingeschnittenen Kräuter bei. Die Suppe muß nun kräftig durchgerührt und mit Salz und Pfeffer gewürzt werden. Zum Schluß werden die getoasteten Schwarzbrotscheiben in die Teller gelegt und mit der Suppe übergossen. Der Suppentopf sollte sofort serviert werden, sonst wird das Brot aufgeweicht.

FRÜHLING (März – April)

Kaum steigen die Temperaturen über null Grad, entwickelt sich auch wieder eine üppigere Pilzflora. Die Monate März – April bringen mit den Morcheln einen ersten Höhepunkt des Frühjahres. Aber nicht nur ihr köstliches Aroma, sondern einfach die Freude an einem so besonderen Fund, ist meiner Meinung nach das schönste daran.

Morchelfundstellen werden von ihren Kennern gehütet wie Schatzkästchen, und dies ist auch gut so, denn sonst würden die so begehrten Speisepilze vielleicht noch seltener. Besonders verbreitet sind diese Liebhaberpilze in Auwäldern und an sandigen Flußmündungen, die sich im ersten Frühlingsgrün besonders zauberhaft präsentieren. Auch nach Morchelbecherlingen kann hier Ausschau gehalten werden.

Ein weit häufigerer Frühjahrspilz, der in sandigen Kiefernwäldern vorkommt, ist die Frühjahrslorchel (vgl. Kapitel „Morcheln"). Diese wurde früher in Ostdeutschland sogar auf Märkten als Speisepilz verkauft, gilt heute jedoch als giftig! Also Finger weg, es gibt anderes zu sammeln!

Auch im Nadelwald gibt es nun einiges zu finden: Märzschnecklinge wachsen noch unter den letzten Schneeflecken heran, und wie beglückend ist es, diese im glitzernden Weiß zu entdecken! Die ersten Frühlingsweichritterlinge sind zu finden, auch am Wegrand, im frischen, grünen Gras.

Auch die ersten Frühlingskräuter – Bärlauch, Scharbockskraut, Schafgarbe, Wegerich, Wilder Hopfen, Giersch, Brennessel und Vogelmiere – gucken schon saftig und frisch-grün aus dem Boden hervor und warten darauf, geerntet zu werden, um die Pilzgerichte geschmacklich abzurunden und Kreationen aus Pilzen und Kräutern zusammenzustellen.

Wer Glück hat, findet Ende April, falls es warm ist, die ersten Wiesenchampignons, auch Schopftintlinge sind fallweise schon zu entdecken. Diese beiden Pilze sind aber eher Sommer- und Herbstpilze und kommen nur in warmen Jahren als erste Vorboten im Frühjahr vor.

MÄRZSCHNECKLING
(Hygrophorus marzuolus)

Botanische Merkmale: Der Märzschneckling ist, wenn er jung ist, weiß und kugelig eingerollt, hat einen bauchigen Stiel und später einen welligen, grau-schwarzen Hut mit 4–12 cm Durchmesser und dicken, gebogenen Lamellen an der Unterseite, die unterschiedlich kurz am Stiel herablaufen. Sie sehen zwar dick aus, sind aber sehr brüchig und verfärben sich im Alter von Weiß auf Schmutziggrau. Bleibt der Pilz von Erde, Moos oder Laub bedeckt, so ist der Hut weiß, erst wenn er dem Licht ausgesetzt ist, färbt er sich grau-schwarz. Der Stiel ist fest, fasrig, fleischig gefüllt und bleibt mit 6 cm niedrig, aber dick (zwischen 2 und 4 cm Durchmesser). Die alten Pilzkappen drehen sich nach oben ein und sehen dann wellenartig-buckelig aus. Die Haut läßt sich nur am Rand etwas abziehen.

Standort: Der Märzschneckling ist im Frühjahr, gleich nach der Schneeschmelze, vor allem in den Nadelwäldern des Gebirges in der Nähe von Weißtannen *(Abies alba)* in kleinen Gruppen zu finden, manchmal wächst er sogar im Schnee.

Sammeltips: Seine Hauptsaison ist von März bis Mai, manchmal findet man auch schon im Jänner einige Exemplare. Er schützt sich vor Kälte, indem er unter Moos, Laub oder Erde versteckt bleibt. Oft sind die Waldtiere wie Rehe, Hirsche, Eichhörnchen, Mäuse und Hasen schneller als die Pilzsammler und fressen zumindest Teile von ihm. Der Märzschneckling ist ebenso schmackhaft wie selten. Wer auf seinen Standort bei Weißtannen achtet, kann ihn nicht mit Doppelgängern verwechseln!

Der Märzschneckling ist schwer zu verwechseln, sicherheitshalber seien jedoch der giftige *Riesenrötling*, der später im Mai wächst, einen glänzenden Hut und Stiel hat und dessen Haut sich vom Hut zur Gänze abziehen läßt und dessen Lamellen im Alter gelblich-rötlich sind, sowie der *Ziegelrote Rißpilz* erwähnt. Bei diesem ist die Verwechslung sehr unwahrscheinlich. Er wächst erst ab Mai in Laubwäldern und Parks, kommt weiß aus der Erde und nimmt dann eine gelbe bzw. zinnoberrote Färbung an. Schon bei den jungen, weißen Exemplaren färben sich Druckstellen an Stiel und Lamellen rötlich. Bei den beiden Giftpilzen laufen die Lamellen nicht am Stiel herab.

Verwendung in der Pilzküche: Der Märzschneckling ist ein sehr fester, knakkiger Pilz, der sich auf das Vielfältigste frisch verwenden läßt. Besonders Suppen gelingen mit ihm aufs Delikateste!

Bärlauchzeit ist auch Morchelzeit!

März-schneckling

Lieblingsrezepte

MÄRZSCHNECKLINGSAUCE

500 g Märzschnecklinge oder gemischt mit Champignons • 50 g Butter • 1 große Zwiebel, feingehackt • 2 große Tomaten oder ½ Dose • 2 Knoblauchzehen • 1 Handvoll Petersilie • Giersch oder Bärlauch • 250 ml Süßrahm • Salz und Pfeffer

Die feingehackte Zwiebel wird in einer Gußeisenpfanne in der zerlassenen Butter goldgelb angeschwitzt und dann die blättrig geschnittenen Pilze beigefügt. Die Mischung wird auf mittlerer Flamme etwa 10 Minuten gedünstet und anschließend die Tomatenwürfel, die gehackte Knoblauchzehe und der Süßrahm beigefügt. Diese Sauce wird nun bei geöffnetem Deckel sämig eingekocht und mit den Kräutern sowie Gewürzen abgeschmeckt. Serviert wird die Pilzsauce zu Steaks, Semmelknödeln oder Salzkartoffeln.

DUXELLES VON MÄRZSCHNECKLINGEN

100 g Märzschnecklinge (auch mit Champignons gemischt) • 50 g Schalotten • 1 EL Petersilie oder Giersch • Weißwein • Speiseöl • Salz • weißer Pfeffer nach Geschmack

Alle Zutaten werden fein gehackt, die Schalotten in Öl angeschwitzt, die Pilze beigefügt und so lange geröstet, bis sämtliche Kochflüssigkeit verdampft ist. Dann wird mit etwas Weißwein abgelöscht und mit der feingehackten Petersilie sowie den Gewürzen abgeschmeckt.

Diese Paste paßt gut zu Fondue, kaltem Fleisch, Braten, aber auch einfach auf Toast oder Brötchen. Sie läßt sich sehr gut konservieren, indem man sie heiß in kleine Gläser füllt und die Oberfläche dick mit Öl bedeckt.

SPITZMORCHEL *(Morchella conica)*
SPEISEMORCHEL *(Morchella esculenta)*
KÄPPCHENMORCHEL *(Mitrophora semilibera)*

Botanische Merkmale: Der Unterschied zwischen den eßbaren Morcheln liegt vor allem in ihren Hutformen. Während die Speisemorchel einen runden, gedrungeneren Hut besitzt, ist der Hut der Spitzmorchel länglich zugespitzt. Die Oberfläche des Morchelhutes ist immer wabenförmig in Gruben zerteilt, deren dünne Wände brüchig sind.

Die **Speisemorchel** *(Morchella esculenta)* wird bis zu 18 cm hoch, hat einen meist gelbbraunen bis gelblichgrauen Hut mit bis zu 8 cm Durchmesser, ihr weißer Stiel ist völlig mit dem Hut verwachsen und ebenfalls hohl.

Die **Spitzmorchel** *(Morchella conica)* ist etwas kleiner, etwa 10 cm hoch, und ihr länglicher, etwas dunklerer, brauner Hut ist nur 2–3 cm breit. Die Wände zwischen den Waben am Hut laufen annähernd parallel von der Spitze zum Hutrand herunter, während die Querwände stark zurücktreten.

Die **Käppchenmorchel** *(Mitrophora semilibera)* zeichnet sich im Gegensatz zu den vorgenannten durch einen nicht mit dem Stiel verwachsenen spitzen Hut aus. Dieser Hut ragt zu 1–2 Drittel über den Stiel hinaus! Der hohe Stiel ist gelb, keilig und hohl. Von ihr sind mancherorts Riesenexemplare von bis zu 15 cm zu finden.

Standort: Die Spitzmorchel ist ein sehr begehrter und mühsam zu suchender Speisepilz der heimischen Auwälder, der ab März am sandigen Boden dieser Wälder zu finden ist. Die Speisemorchel ist in Obstgärten unter Apfelbäumen (*Malus* sp.) und im Auwald unter Eschen (*Fraxinus excelsior*) zu finden. Die Käppchenmorchel ist in Auwäldern, manchmal aber auch in Parks zu finden.

Sammeltips: Spitzmorcheln gehören zu den ersten Frühjahrspilzen, die an warmen Frühlingstagen im März aus der Erde sprießen. Speisemorchel und Käppchenmorchel wachsen ab Mitte April.

Verwechselbar sind die eßbaren Morcheln mit der im rohen oder ungenügend gekochten Zustand giftigen *Frühjahrslorchel,* die der aufmerksame Beobachter jedoch leicht voneinander unterscheiden kann: Der Hut besteht aus dicken Wülsten, nicht aus wabenartigen Gruben, die über den Stiel hängen. Sie sehen aus wie ein „Gehirn".

Spitzmorcheln, in Frühlingskräutern wachsend

Käppchenmorchel

Speisemorchel

Verwendung in der Pilzküche: Spitzmorcheln zählen zu den besten Speisepilzen und gelten schon seit Jahrhunderten in vielen Ländern als Delikatesse. Bei der Spitzmorchel lohnt es sich, seine kulinarische Lust zu zügeln und die gefundenen Exemplare nicht gleich zuzubereiten, sondern sie zu trocknen und gut verschlossen in Gläsern einige Wochen aufzubewahren. Denn erst dann kann der Pilz sein köstliches Aroma voll entfalten. Dasselbe gilt auch für die Speisemorchel und die Käppchenmorchel, die ebenso von köstlichem Wohlgeschmack sind!

Lieblingsrezepte

MORCHEL-RAVIOLI

Teig: *500 g Mehl • 4 große Eier • 10 g Salz • 2 EL Olivenöl*
Füllung: *250 g Bauerntopfen • etwas Süßrahm • 1 Sträußchen Petersilie oder Giersch und Schafgarbe • Salz nach Geschmack • 4 getrocknete Morcheln*

Aus dem Mehl, den Eiern, dem Salz, dem Öl und eventuell etwas Wasser wird ein fester Teig geknetet, der mit einem feuchten Tuch bedeckt 2 Stunden ruhen gelassen wird. In der Zwischenzeit werden Topfen und Süßrahm zu einer geschmeidigen Paste vermengt, die Morcheln hineingerieben und mit Petersilie und Salz abgeschmeckt. Der Teig wird anschließend 1,5 mm dünn ausgerollt, in kleine Teigstücke geschnitten, mit der Morchelpaste gefüllt und zu Raviolis verschlossen. Diese werden in kochendes Salzwasser eingelegt, aufgekocht und etwa 10 Minuten ziehen gelassen, dann werden sie abgeseiht, mit zerlassener Butter übergossen und mit etwas Morchelpulver oder Pilzgewürzsalz bestreut serviert.

MORCHEL-OMELETTE

200 g grobgehackte Morcheln • 200 g würfelig geschnittener Schinken • 1 kleine Zwiebel • 50 g Butter • 6 Eier • etwas Petersilie oder Wildkräuter • Estragon und Salz

Die Morcheln werden in etwas Wasser 5 Minuten gekocht, danach abgeseiht und zum Abkühlen beiseite gestellt. Die Schinkenwürfel und die feingehackte Zwiebel werden in der Butter angeröstet, die Morcheln beigefügt und die Kräuter beigegeben. Die versprudelten Eier werden nun über die Speck-Pilz-Mischung gegossen und bis zum Stocken der Masse zugedeckt. Dann wird das Omelette gewendet, auch die zweite Seite angebräunt und warm serviert. Gut dazu passen Vollkornbrot und Blattsalat!

MORCHELBECHERLING (Adriger Becherling)
(Disciotis venosa)

Botanische Merkmale: Der Morchelbecherling ist ein becherförmiger, innen wurzelig-hirnartig gewundener Pilz von ocker-bräunlicher Farbe mit eingerolltem Rand. Er fühlt sich fleischig an und bricht leicht. Typisch ist sein starker Chlorgeruch.

Standort: Der Pilz liebt sehr feuchte und lehmige Böden, in Auwäldern ist er besonders in schattigen Gräben zu suchen! Er ist standorttreu und auch unter alten Apfelbäumen – zu deren Blütezeit – zu finden.

Sammeltips: Der Morchelbecherling kommt von März bis Mai auf den lehmigen Böden der Auwälder vor. Zwischen Bärlauch, Scharbockskraut und anderen Frühlingskräutern versteckt, findet man ihn auch beim Wildkräutersammeln!

Verwendung in der Pilzküche: Der Morchelbecherling ist ein sehr guter Speisepilz. Er verliert seinen sehr stark nach Chlor riechenden „Duft“ beim Kochen. Für Morchelliebhaber zählt er zu den beliebtesten Speisepilzen. Er läßt sich sehr gut trocknen. Ausgezeichnet ist auch das Panieren der etwa 10 cm großen Exemplare, die durch diese Zubereitungsart ein würzig-kalbfleischartiges Aroma erhalten.

Der Adrige Morchelbecherling sieht aus wie eine Ohrmuschel!

Lieblingsrezepte

GEFÜLLTES GEFLÜGEL

2 Hühner oder Enten zu je 750 g • 2 Speckscheiben
Füllung: *1 kleine Zwiebel • 5 Knoblauchzehen • 2 EL Olivenöl • 250 g altes Weißbrot • die Lebern des Geflügels • 2 Gewürznelken • 1 TL Rosmarin • 1 EL Semmelbrösel • 1 TL Muskatnußpulver • 10 g getrocknete Steinpilze • 5 g getrocknete Morchelbecherlinge • 3 EL Kapern • 1 EL Butter.*
Sauce: *3 EL Butter • 1 EL Mehl • ½ Glas Wasser • Salz und Pfeffer*

Das Backrohr wird auf 200° C vorgeheizt und die getrockneten Pilze etwa 20 Minuten in heißem Wasser eingeweicht, ebenso wie das würfelig geschnittene Weißbrot. Nun wird das Geflügel sorgfältig zum Füllen vorbereitet, indem es gesäubert, trockengetupft und gewürzt wird. Für die Füllung werden die feingehackte Zwiebel und der gehackte Knoblauch im Öl angebraten. Dann werden die gehackten Geflügellebern, die Gewürze und die feingehackten Pilze hinzugefügt. Die Mischung sollte etwa 8 Minuten garen, dann wird sie vom Herd genommen und mit dem gut ausgedrückten Weißbrot gemischt. Nun werden die Kapern beigefügt, gesalzen und gepfeffert wird nach Geschmack. Dann wird das Geflügel mit der Mischung gefüllt und die Rücken mit den Speckscheiben und Butterstückchen belegt. Das Geflügel wird nun im vorgeheizten Backrohr 1–1,5 Stunden knusprig-braun gebraten und immer wieder mit dem entstandenen Saft begossen. Für die Sauce wird die Mischung aus Mehl, Wasser, Butter, Salz und Pfeffer etwa 20 Minuten, bevor das Geflügel fertig gegart ist, in den heißen Saft eingerührt und mitgegart.

Vor dem Servieren wird das Geflügel samt Füllung geviertelt und mit der Sauce übergossen. Gut dazu passen Servietten- oder Kartoffelknödel.

SAUCE MIT MORCHELBECHERLINGEN UND CHAMPIGNONS

300 g Morchelbecherlinge (oder 35 g getrocknete) • 500 g Champignons • 1 große Zwiebel • 6 EL Butter • 125 ml Süßrahm • 1 EL Currypulver • 2 EL Mehl • Salz • Pfeffer • 3 EL Petersilie oder junger, frischer Giersch

Die geputzten und gewaschenen Champignons werden je nach Größe ganz belassen oder geviertelt, die Morchelbecherlinge geputzt und geviertelt. Werden getrocknete Pilze verwendet, müssen sie über Nacht eingeweicht und mit dem Einweichwasser verwendet werden. Nun wird die Butter in einem Topf erhitzt und die feingeschnittene Zwiebel beigefügt, dann röstet man alles goldbraun und fügt das Currypulver bei, das mitgeröstet wird. Anschließend wird mit etwas Süßrahm abgelöscht, die Pilze (samt Einweichwasser) beigefügt und die Mischung etwa 10 Minuten gedünstet. Nun wird mit Salz und Pfeffer gewürzt und die Sauce weitere 10 Minuten gegart. Dann wird der restliche Süßrahm mit dem Mehl unter die Sauce gerührt und nochmals 5 Minuten verkocht. Die feingeschnittenen Kräuter werden zum Schluß beigefügt. Servieren Sie die Sauce von Morchelbecherlingen und Champignons mit Reis oder Salzkartoffeln.

GEWÜRZÖL VOM MORCHELBECHERLING

0,5 l Distelöl • 2 Handvoll getrocknete Morchelbecherlinge • 1 Zweig Dost (Wilder Oregano) oder Majoran, getrocknet

Die getrockneten Pilze und Kräuter werden in ein sauberes, dunkles Gefäß mit breitem Rand (Milchflasche) gefüllt und mit dem Öl bis zum Rand aufgefüllt. Dann stellt man den Ansatz zum Reifen etwa 2 Monate an einen kühlen Ort. Mit diesem Gewürzöl von zart-morcheligem Aroma lassen sich sowohl Pasta als auch Brot und Blätterteigstücke aromatisieren.

FRÜHLINGSWEICHRITTERLING

(Melanoleuca cognata)

Botanische Merkmale: Junge Exemplare sind konvex, bald flach und werden im Alter trichterförmig und dunkelbraun-grau. Die Kappen werden bis 10 cm groß und haben engstehende Lamellen, die am Stiel ausgebuchtet sind. Der Stiel ist ziemlich kurz und braungrau.

Standort: Hauptsächlich wächst der Frühlingsweichritterling gesellig in Nadelwäldern.

Sammeltips: Der genannte Pilz ist in Gruppen im Gras an Wegrändern zu finden. Es gibt verschiedene Weichritterlingsarten, die alle eßbar sind.

Verwendung in der Pilzküche: Weichritterlinge eignen sich für Suppen, Saucen und Pilzgulasch. Da sie in großen Mengen zu finden sind, können aus ihnen auch Gulasch und Eintöpfe bereitet werden.

Lieblingsrezepte

FRÜHLINGS-PILZSUPPE

600 g Frühlingsweichritterlinge, dazu 10 g getrocknete Steinpilze oder 1 EL Pilzgewürzpulver • 3 EL Olivenöl • 2 Knoblauchzehen • 2 Handvoll frischer Bärlauch • 1 Dose geschälte Tomaten • 600 ml Wasser • 3 Lorbeerblätter • Salz und Pfeffer • 4 Scheiben Baguette • 60 g frisch geriebener Parmesan

Die frischen Pilze werden geputzt und in Scheiben geschnitten. Dann brät man in einem großen Topf die gehackten Knoblauchzehen an, fügt die frischen und getrockneten, zuvor eingeweichten Pilze samt Einweichwasser bei und läßt alles 10 Minuten dünsten. Nun schneidet man die Tomaten in mundgerechte Stückchen und fügt sie samt dem Saft und den Lorbeerblättern bei. Dann wird die Suppe auf mittlerer Flamme 10 Minuten gekocht, mit dem Wasser ergänzt, gewürzt und nochmals aufgekocht. Danach entnimmt man die Lorbeerblätter und gibt den gewaschenen, nudelig geschnittenen Bärlauch bei. Zum Schluß legt man in jeden Suppenteller eine getoastete Baguettescheibe und füllt mit Suppe auf. Zur Garnierung streut man den Parmesan auf die Brötchen und serviert die Suppe sogleich!

GULASCH VON FRÜHLINGSWEICHRITTERLINGEN UND CHAMPIGNONS

400 g Frühlingsweichritterlinge • 400 g Champignons • 1 große Zwiebel • 6 EL Butter • 125 ml Sauerrahm • 10 g edelsüßes Paprikapulver • 3 EL Mehl • Salz • Pfeffer • Essig und getrocknete Steinpilze nach Geschmack

Die geputzten und gewaschenen Pilze werden je nach Größe ganz belassen oder geviertelt. Werden auch getrocknete Steinpilze verwendet, müssen sie über Nacht eingeweicht und mit dem Einweichwasser verwendet werden. Dann wird die Butter in einem Topf erhitzt und die feingeschnittene Zwiebel beigefügt, das Ganze goldbraun angeröstet und das Paprikapulver beigefügt, das ebenfalls geröstet wird. Anschließend wird mit Essig oder etwas Wasser abgelöscht, danach werden die Pilze (samt Einweichwasser) hinzugefügt und die

Frühlingsweichritterling

Schopftintling

Mischung etwa 10 Minuten dünsten gelassen. Nun wird mit Salz, Pfeffer und Pilzgewürzsalz abgeschmeckt und alles weitere 10 Minuten gedünstet. Zum Schluß wird der Sauerrahm mit dem Mehl verrührt, unter das Pilzgulasch gerührt und nochmals 5 Minuten verkocht. Servieren Sie das Schwammerlgulasch mit Reis oder Salzkartoffeln.

SCHOPFTINTLING
(Coprinus comatus)

Botanische Merkmale: Schopftintlinge werden im ausgewachsenen Zustand bis zu 25 cm hoch, haben eine langgezogenen, walzenförmigen Hut, der weit unter die Mitte des Stiels herabreicht. Es ergibt sich ein weiß-gräulicher Anblick, und auch die den gesamten Hut zierenden weißen Schuppen haben einen gräulich-braunen Anflug. Im jungen Zustand ist der Hutrand mit dem Stiel verwachsen, der Hut dicht mit den Schuppen bedeckt, so daß der Pilz aussieht wie eine feste, schuppige Walze mit Stiel. Beim Wachsen reißt der Hutrand, und es bleibt ein Ring am Stiel zurück, der sich schieben läßt. Erst wenn man den Hut auseinanderbricht, sieht man dessen Unterseite, die dicht von erst weißen, dann rosaroten und zum Schluß schwarzen Lamellen besetzt ist, die nicht am Stiel angewachsen sind. Der Hutrand wird mit zunehmendem Alter rissig, rollt sich nach außen hin auf und beginnt sich von unten her aufzulösen, indem er schwarz wird und wie schwarze Tinte „davontropft", bis der gesamte Pilz zerflossen ist und nur noch der Stiel steht. Diese Eigenschaft wurde früher genutzt, um ihn zur Tintenherstellung zu verwenden.

Standort: Schopftintlinge findet man meist in großen Gruppen im Gras an Wald- und Wegrändern, aber auch im gewöhnlichen Gartenrasen oder auf Äkkern. Sie wachsen auch gerne in Hexenringen. Sie bieten einen hübschen Anblick, all die großen und kleinen Exemplare des Pilztrupps, im Gras versteckt.

Sammeltips: Der Schopftintling ist eigentlich ein sehr später Herbstpilz, da Sie ihn in feuchten Frühlingen und Sommern schon früh in Rasen und an Wegrändern finden können, ist er von mir ausnahmsweise an dieser Stelle eingereiht!

Der *Graue Faltentintling* ist dem Schopftintling noch der am ähnlichste Tintling, allerdings kann er mit ihm nicht verwechselt werden, wenn man auf die folgenden Merkmale achtet: Der junge, graue Hut ist erst eiförmig, dann glokkig. Es gibt keinen Ring am Stiel, und er hat am Hut keine groben, wegstehenden Schuppen, sondern kleine, wegwischbare. Er macht einen kahlen Eindruck und wächst um Baumstümpfe. Der *Graue Faltentintling* ist nur in Kombination mit Alkohol giftig, allerdings auch dann, wenn dieser bis zu 3 Tage vorher oder nachher konsumiert wurde bzw. wird. Der Graue Faltentintling wird auch in der Medizin verwendet: Aus ihm wird ein Mittel zur Trinkerentwöhnung gewonnen.

Verwendung in der Pilzküche: Schopftintlinge sind hervorragende Speisepilze, sofern nur junge, feste, frisch gepflückte Exemplare verwendet werden. Von allen Tintlingen ist diese Art die schmackhafteste. Der genannte Pilz hat überdies ein sehr zartes Fleisch und schmeckt fein. Der Schopftintling verdirbt sehr rasch und sollte sofort nach der Ernte zubereitet werden. Die jungen, fest geschlossen Hüte können in verquirltes Ei getaucht, in Semmelbrösel gewälzt und fritiert werden. Als Sauce für Nudel- und Reisgerichte, für Risottos, aber auch als Zutat für Eintöpfe, Suppen und Saucen sowie in Butter gedünstet und mit Wildkräutern bestreut, sind sie ausgezeichnet. Zum Trocknen oder Einfrieren eignen sie sich nicht.

Lieblingsrezepte

SCHOPFTINTLINGE NATUR

500 g frische, knackige Schopftintlinge • etwas Butter zum Anbraten • Salz • Pfeffer • Petersilie oder Estragon

Die geputzten (nötigenfalls gewaschenen), in 1–2 cm dicke Ringe geschnittenen Schopftintlinge werden in die zerlassene, heiße Butter eingelegt und etwa 15 Minuten unter Rühren und Wenden gedünstet, bis sie weich sind. Dann wird mit Salz, Pfeffer, den gehackten Kräutern gewürzt und die Schopftintlinge natur sofort angerichtet. Mit einigen Scheiben Brot serviert, ergeben sie ein schnelles und gelungenes Essen nach dem Pilzesammeln!

SPAGHETTI MIT SCHOPFTINTLING-GEMÜSE-SAUCE

250 g Schopftintlinge • 1 mittlere Zwiebel oder 5 Frühlingszwiebeln • 250 g Erbsen • 1 Becher Crème fraîche • 2 EL Sonnenblumenöl • Salz und Muskatnußpulver nach Geschmack, auch Estragon oder Giersch passen gut! • 200 g Spaghetti

Die geschnittene Zwiebel wird in Sonnenblumenöl angeröstet und dann werden die (tiefgekühlten) Erbsen sowie etwas Wasser beigefügt. Die Mischung wird nun einige Minuten gedünstet. In der Zwischenzeit werden die Schopftintlinge geputzt – wenn nötig gewaschen – und in 2 cm breite Scheiben geschnitten. Die so vorbereiteten Pilze werden nun zur Sauce gegeben und gedünstet. Nun wird mit Salz, Muskat und feingehacktem Estragon oder jungem Giersch gewürzt. Inzwischen werden die Spaghetti in Salzwasser al dente gekockt und mit der Pilz-Gemüse-Sauce serviert.

SCHOPFTINTLINGE-KRÄUTERTOAST

3 Handvoll Schopftintlinge oder gemischt mit Eierschwammerln • 1 kleine Zwiebel • 1 Bündchen Petersilie • etwas Öl und Butter zum Braten • Salz • 4 EL Crème fraîche • 2 EL Kartoffelstärkepulver • 8 Toastbrote • Butter zum Bestreichen der Toastbrote • 6 EL feingeschnittene Kräuter (Estragon, Bohnenkraut und Thymian oder Basilikum und Rosmarin oder Salbei und Majoran)

Die geputzten, nudelig geschnittenen Pilze werden mit der feingehackten Zwiebel im Öl-Butter-Gemisch goldbraun angeröstet, dann mit Salz gewürzt und bei geschlossenem Deckel 15 Minuten garen gelassen. Danach muß der Deckel geöffnet werden, damit die entstandene Kochflüssigkeit verdampfen kann. Sobald sich die Kochflüssigkeit auf die Hälfte reduziert hat, wird das Kartoffelstärkepulver mit der Crème fraîche klümpchenfrei angerührt und in die Sauce eingemengt. Nun wird mit der gehackten Petersilie verfeinert und die Sauce warm gestellt.

Aus den gehackten Kräutern, der Butter und etwas Salz wird eine Kräuterbutter hergestellt, die Toastbrote auf beiden Seiten damit bestrichen, auf ein Backblech gelegt und im vorgeheizten Rohr bei 180° C goldbraun gebacken. Dann wird die Schwammerlsauce auf die Toasts gefüllt, die zum Nachziehen noch 5 Minuten ins heiße Rohr gegeben werden.

Mischen Sie in die vorgeschlagene Kräuterkombination nicht noch mehr Gewürze, sonst überlagern sich zu viele verschiedene Aromen!

SOUFFLÉ VON SCHOPFTINTLINGEN

50 g Butter • 70 g Vollkornmehl • ¼ l Milch • 100 g Schopftintlinge, in grobe Ringe geschnitten • 1 Ei • 2 Eidotter • 1 kleine Zwiebel, feingehackt • Salz • Pfeffer • Muskatnuß • Estragon

Aus der Butter und dem Mehl wird eine sehr helle Einbrenn hergestellt, die mit Milch gelöscht und mit Salz und Muskat gewürzt wird. Das Ei und die beiden Eidotter werden in die Masse gerührt. Währenddessen werden die Zwiebel und die Pilzstückchen in etwas Butter geröstet, mit Salz und Pfeffer abgeschmeckt und mit dem feingehackten Estragon in die Grundmasse gerührt. Das Eiklar wird nun zu Schee geschlagen und unter die Masse gehoben. Die Masse wird danach halbhoch in kleine Soufflèförmchen oder in eine große Form, die bebuttert wurde, gefüllt und im nicht vorgeheizten Backrohr bei 180° C im Wasserbad gegart und gestürzt auf Blattsalat serviert.

Spaghetti mit Schopftintling-Gemüsesauce

ZWIEBEL-SCHOPFTINTLING-SUPPE

500 g Schopftintlinge • 3 EL Butter • 2 große Zwiebeln • 1 Lorbeerblatt • ½ Knoblauchzehe • Salz • Pfeffer • gehackte Petersilie nach Geschmack • Butter • 3 Scheiben Schwarzbrot für die Croûtons

Die Zwiebeln werden in Scheiben geschnitten und mit der Knoblauchzehe in der Butter angeröstet, dann werden die nudelig geschnittenen Schopftintlinge und das Lorbeerblatt beigefügt und alles gut durchgeröstet. Nun mit 1 Liter Wasser aufgießen und die Suppe auf kleiner Flamme 30 Minuten köcheln lassen. Währenddessen werden die Brotscheiben in Würfel geschnitten und in reichlich zerlassener Butter goldbraun geröstet. Die Suppe wird mit Salz und Pfeffer abgeschmeckt und in Portionstellern mit den Croutons bestreut serviert.

FRÜHSOMMER (Mai – Juni)

Ist das Jahr ausreichend feucht und warm, finden wir im herrlich frisch-grünen Frühsommerwald, der von blühenden Frühlingskräutern nur so strotzt, eine erste Vorhut von Röhrlingen und Täublingen. Ein typischer Frühsommerpilz ist der Mairitterling, der nicht nur die Böden der Laubwälder, sondern auch saftige Frühjahrswiesen ziert, aber eher in höheren Lagen vorkommt. Die Pilzausbeute des Frühsommers und Sommers ist stark abhängig von den Niederschlägen und Temperaturen. In trockenen Jahren werden Pilzfreunde oft leer ausgehen, wenn sie nur den Waldboden absuchen und nicht auch das Totholz.

Baumpilze wie der Schwefelporling sind nicht nur verläßlicher zu finden als ihre bodenbewohnenden Verwandten, sie sind auch sehr ergiebig und machen mit ihrer gelb-leuchtenden Farbe Freude, sie zu entdecken.

Auch Nachzügler von Frühjahrspilzen sind noch zu finden, Schopftintlinge und Wiesenchampignons zeigen sich der Witterung entsprechend. Unter den Bäumen des Nadelwaldes beginnt nun die Reizkersaison, sie leuchten gelb-orange-grünlich in Laub und Moos, und der Laubwald lohnt unsere Suche mit Täublingen.

MAIRITTERLING

(Calocybe gambosa)

Botanische Merkmale: Der Mairitterling ist ein kräftiger, gedrungener Pilz mit fleischigem, weiß-cremefarbenem Hut, der mit einem Durchmesser von 6–8 cm ziemlich groß und fest ist. Der zunächst halbkugelig und etwas buckelig gewölbte Hut wird später flach und wellig gebogen, mit einer kleinen Delle in der Mitte. Die Lamellen an der Unterseite des Pilzhutes sind weiß-cremefarben und stehen dicht beieinander. Sie sind am relativ kurzen (bis 5 cm), aber dicken (bis 3 cm) Stiel angewachsen und oft mit einem kurzen Zähnchen herabwachsend. Er riecht stark nach frischem Mehl. Sein Fleisch ist weich und weiß-gelblich.

Standort: Der Mairitterling ist in den Laubmischwäldern des Gebirges zu finden, seltener im Tal.

Sammeltips: Schon Ende April bis Mitte Mai ist dieser begehrte Pilz in Laubmischwäldern von der Ebene bis ins Hochgebirge zu finden. Er wächst auch in saftigen Frühjahrswiesen, an Waldrändern und in Parks und Gärten. Fast immer erscheint er in großen Gruppen.

Der Mairitterling besitzt drei giftige Doppelgänger, die ihm wirklich sehr ähnlich sehen: Den *Riesenrötling*, den *Ziegelroten Rißpilz* und den *Weißen Knollenblätterpilz*. Die beiden ersteren wurden schon in den Sammeltips für den Märzschneckling beschrieben. Der *Weiße Knollenblätterpilz* wächst – wie wahrscheinlich schon allen bekannt ist – aus einem „Ei". Dann platzt diese Schutzhülle, und die Hülle bleibt an der deutlich zur Knolle verdickten Stielbasis zurück. Auch Hutrand und Stiel sind bei jungen Exemplaren durch eine Haut verbunden, die als Manschette zurückbleibt. Alle Teile dieses Pilzes sind rein weiß. Alle drei Doppelgänger sind sehr giftig, ich persönlich würde daher den Mairitterling nur mit einem Pilzfachmann sammeln. Bei allen Doppelgängern fehlt der starke Mehlgeruch!

Verwendung in der Pilzküche: Der Mairitterling riecht so stark nach frischem Mehl, daß der Geruch auch beim Kochen nicht ganz verschwindet. Daher sagt sein Aroma nicht allen zu. Liebhaber dieses Pilzes loben dagegen sein Aroma und sein festes, helles Fleisch. Eine Möglichkeit, den Mehlgeschmack zu entfernen, wäre, ihn vor der Weiterverarbeitung in Salzwasser zu kochen und das Kochwasser wegzuschütten. In Kärnten, der Steiermark und in Oberösterreich zählt er zu den begehrtesten Speisepilzen, während er in Westösterreich kaum gesammelt wird. Blanchiert oder als Duxelles, eignet er sich gut zum Tiefkühlen. Hervorragend schmecken auch eingelegte Mairitterlinge, da sie ihr festes Fleisch beibehalten.

Lieblingsrezepte

MAIRITTERLING-SAUCE

300 g feinblättrig geschnittene, geputzte Mairitterlinge • 100 g Butter • 250 ml Süßrahm • 5 EL Mehl • etwas Wasser • Pfeffer • Salz • Zitronensaft • 3 EL Liebstöckel, frisch oder getrocknet

Frühsommer im Buchenwald

Mairitterling

Die Pilze werden zunächst etwa 5 Minuten in Salzwasser gekocht, dann abgeseiht und das Kochwasser weggeschüttet. Nun wird aus Butter, Mehl, Wasser und Süßrahm eine Sauce zubereitet, indem eine Einbrenn herstellt und diese dann gelöscht wird. Nun fügt man die Gewürze bei und legt die Pilze ein. Anschließend läßt man alles nochmals aufkochen und serviert die Sauce zu Fleischgerichten, Wildbraten, Geflügel oder Folienkartoffeln.

FRÜHLINGSSALAT VON GEMISCHTEN PILZEN

1 kg gemischte Frühlingspilze (Mairitterlinge, Schwefelporlinge, Austernpilze, Champignons) • 8 EL Olivenöl • 2 Frühlingszwiebeln • 1 roter Paprika • 1 großer Strauß frischer Frühlingskräuter (Bärlauch, Kerbel, Giersch, Schafgarbe) • Salz • Zitronensaft

Die geputzten Pilze werden in gleichmäßig dicke Scheiben geschnitten und in Salzwasser bißfest blanchiert. Danach werden sie abgeseiht und beiseite gestellt. Die in feine Scheiben geschnittenen Frühlingszwiebeln und der kleingewürfelte Paprika werden im heißen Öl angebraten, jedoch nicht gebräunt. Dann werden die Pilze beigefügt und bei höherer Temperatur etwa 10 Minuten gebraten. Nun werden die feingehackten Frühlingskräuter und der Zitronensaft beigefügt und nach Geschmack gesalzen. Der Pilzsalat kann warm oder kalt mit Pizzabrot oder als Beilage zu Fleisch, Geflügel, aber auch Raclette oder Fondue serviert werden.

MINESTRONE MIT MAIRITTERLINGEN

2 Handvoll Mairitterlinge • 2 EL Olivenöl • 1 Stange Porree (Lauch) • 3 Karotten • 1/8 Sellerie • 1/16 Chinakohl • 3 Tomaten • 1 Handvoll Erbsen • 1 Knoblauchzehe • Salz • Pfeffer • Oregano • Thymian • 1 l Wasser • 2 Handvoll Fadennudeln • Parmesan, frisch gerieben

Karotten, Porree, Sellerie und Chinakohl werden gewaschen, bei Bedarf geschält und kleinwürfelig geschnitten. Nun wird das Öl erhitzt und das Gemüse beigefügt. Danach wird mit den Tomatenwürfeln, dem gehackten Knoblauch und etwas Wasser abgelöscht. Dann werden die Gewürze beigefügt, die in mundgerechte Stücke geschnittenen Pilze dazugegeben und alles bißfest gekocht. Die Suppe wird nun mit Salz und Pfeffer abgeschmeckt und die Nudeln in die Suppe eingelegt. Danach läßt man die Suppe noch einmal aufkochen. Die fertige Suppe wird auf Tellern angerichtet und mit frisch geriebenem Parmesan bestreut!

SCHWEFELPORLING
(Laetiporus sulphureus)

Botanische Merkmale: Schwefelporlinge sind Baumpilze, die leuchtend schwefelgelb an der Rinde ihres Wirtsbaumes sprießen. Meist stehen die einzelnen Pilze, die nur aus Hut ohne Stiel bestehen und seitlich angewachsen sind, dachziegelartig übereinander in gestaffelten Büscheln, die dann muschel- oder fächerartige Formen annehmen. Ausgewachsene Exemplare können einen Durchmesser von 70 cm und ein Gewicht von 20 kg erreichen! Sie gehören zur Familie der Porlinge, die sich durch die vielen Poren an der Hutunterseite auszeichnen und als Parasiten auf lebenden Bäumen wachsen. Schwefelporlinge wachsen nicht nur an der Basis des Stammes, sondern auch hoch oben in Ästen und Zweigen. Die Poren an der Unterseite der Schwefelporlinge lassen sich nur mit der Lupe erkennen, je nach ihrem Alter sind sie so leuchtend gelb wie die Oberhaut des Pilzes oder blasser. Das Fleisch ist sehr saftig, und in seiner Fasrigkeit erinnert es an Hühnerfleisch.

Der Schwefelporling mit seiner leuchtend gelben Farbe. Er kann ganze Baumstämme bewachsen!

Standort: In den Auwäldern der Ebene, in Laubwäldern. Das schönste Exemplar habe ich in einem Wiener Park auf einem Kriecherlbaum (kleine Pflaumen) gefunden.

Sammeltips: Der Schwefelporling ist ein Baumpilz und kommt an verschiedenen Baumarten vor: Apfel, Zwetschke, Birne, Pappel, Weide und Eiche. Von all diesen Bäumen kann er geerntet werden, nicht aber von den giftigen Eiben, auf welchen er ebenfalls wächst!

Hochsaison hat dieser Pilz im Frühjahr und im Herbst. Er wächst auch ohne Regen weiter, da er seinem Wirtsbaum Feuchtigkeit entzieht und nicht auf Niederschläge angewiesen ist.

Verwendung in der Pilzküche: Bisher galt der Schwefelporling als giftig, was sich darauf zurückführen läßt, daß dieser Baumpilz auch auf den giftigen Eiben wächst, wobei er deren Gift aufnimmt und dann genauso giftig ist wie sein Wirtsbaum.

Erst in jüngster Zeit wurde er als ausgezeichneter Speisepilz bekannt, der dennoch zunächst in kleinen Mengen erst einmal vorgekostet werden sollte, da er nicht jedem schmeckt. Sein sehr pilziges Aroma wird im Alter beißend, im Geschmack ist er ausgezeichnet, jedoch manchem zu sauer. Es werden nur die jungen, zarten Pilze bis maximal 15 cm Durchmesser verwendet, die in dicke Scheiben geschnitten, paniert, gewürzt und gebacken werden wie Wiener Schnitzel. Sie erinnern wirklich stark an Fleisch, und dicke Scheiben von ihnen können auch wie dieses gebraten oder gegrillt zubereitet werden. Bereitet man aus diesem Pilz ein Pilzgulasch, dann sollte der Pilz allerdings länger gekocht werden, da er sonst zäh ist. Alte Exemplare haben ein blasses und bröckeliges Fleisch und sollten nicht mehr verwendet werden. Tiefkühlen läßt sich der Schwefelporling nur, wenn man ihn zuvor in Butter brät, zum Trocknen ist er eher ungeeignet.

Lieblingsrezepte

GERÖSTETE PILZHÜTE

Rösten Sie die in dicke Streifen geschnittenen Pilzhüte des Schwefelporlings gewürzt mit Salz und Pfeffer auf einer glühenden Herdplatte oder Steinplatte und servieren Sie dieses Gericht mit reschem Brot.

REIZKER

Fichtenreizker *(Lactarius deterrimus)*, Lachsreizker *(Lactarius salmonicolor)*, Echter Reizker = Edelreizker *(Lactarius deliciosus)*

Botanische Merkmale: Alle drei Reizker haben eine Huthaut mit lichten, orangeroten, grünlich-gefleckten, konzentrischen Kreisen. Ausgewachsene Exemplare sind in der Mitte des Hutes vertieft, der Hutrand steht steil nach oben, so daß bei seitlicher Betrachtung schon die leicht brüchigen Lamellen, die am Stiel herablaufen, sichtbar sind. Der Stiel ist zylindrisch, wie der ganze Pilz matt orange, eher kurz und drall und bei ausgewachsenen Exemplaren innen hohl. Alle drei erwähnten Reizker sind nicht zu verwechseln mit Giftpilzen, wenn man auf das Merkmal achtet, daß sie aus Verletzungen einen orangeroten Milchsaft ausstoßen.

Standort: Der Fichtenreizker wächst in Symbiose mit Fichten *(Picea abies excelsa)*, der Lachsreizker bei Weißtannen *(Abies alba)*, während der Echte Reizker nur bei Kiefern (*Pinus sylvestris* sp.) zu finden ist. Alle drei Arten wachsen in großen Gruppen.

Sammeltips: Alle genannten Reizker können ab Juni bis in den Oktober hinein gesammelt werden. Es gibt wegen ihres orangen Milchsaftes keine Verwechslungsmöglichkeiten, allerdings kommt es manchmal vor, daß Personen auf ihren Genuß allergisch reagieren. Das kann aber auch daran liegen, daß Pilzgerichte grundsätzlich schwer verdaulich sind bzw. spätabends nicht mehr verspeist werden sollten. Der ungenießbare *Birkenreizker* hat eine weiße Milch! Verwenden Sie niemals jene Exemplare mit weißer Milch, da dies giftige Doppelgänger sind!

Leider sind oft schon junge Reizker von Pilzmaden befallen, es empfiehlt sich daher, die Pilze bereits am Fundort zu halbieren und zu untersuchen und ausschließlich schöne Exemplare mitzunehmen.

Verwendung in der Pilzküche: Alle drei Reizkerarten sind sehr beliebte Speisepilze, wobei der unter den Pilzsammlern Begehrteste der *Echte Reizker* ist. Alle besitzen eine knackige Konsistenz bei nicht allzu ausgeprägtem Geschmack. Sorgfältig zubereitet, sind sie vorzügliche Speisepilze. Bevor sie verarbeitet werden, sollten sie geputzt, auf Maden untersucht und im Ganzen 3–5 Minuten in kochendem Salzwasser schwenkt werden, um ihnen ihren bitteren Geschmack zu nehmen. Nun können sie entweder blanchiert in Salaten mit Essig und Öl verarbeitet oder gebraten werden. Sie eignen sich weniger zum Kochen oder Dünsten. Eine kulinarische Besonderheit sind in Essig eingelegte Reizker!

Am besten schmecken sie mit Salz und Pfeffer, ohne Stiel in einer heißen Pfanne scharf angebraten oder auch gegrillt bzw. auf der heißen Steinplatte geröstet. Auch in Butter gegart, sind sie nicht zu verachten. Ein pikantes Pilzgulasch ist ebenfalls sehr empfehlenswert.

Reizker lassen sich gut tiefkühlen und, wie in Rußland üblich, einsalzen.

Lieblingsrezepte

REIZKERSALAT

250 g junge, madenfreie Reizker • Most- oder Weinessig • Olivenöl • Salz und Pfeffer nach Geschmack • Estragon • Petersilie und Thymian nach Geschmack

Die Reizker werden im Ganzen in kochendes Salzwasser eingelegt und etwa 5 Minuten darin geschwenkt. Dann werden die Pilze zum Abkühlen beiseite gestellt und in fingerdicke Streifen geschnitten. Nun wird der Essig mit den Gewürzen erhitzt und heiß über die Pilze gegossen. Die Pilze müssen im Sud abkühlen und werden als Beilage zu Wildgerichten oder zu Fleischterrinen und Wildpasteten serviert.

GEGRILLTE REIZKER

Pro Person etwa 7 geputzte Reizkerhüte • etwas Öl und brauner Zucker • Knoblauch, in Zitronensaft gepreßt • Salz

Die Pilzhüte werden mit den Lamellen nach oben auf einen Grill oder eine heiße Steinplatte gelegt, mit etwas Öl bestrichen und mit etwas Zucker bestreut. Nun werden sie mit Knoblauch-Zitronensaft bepinselt und dann gesalzen. Nach etwa 10 Minuten sind die Pilze gar und eßfertig.

Edelreizker

Im Hut bildet sich ein pikantes Sößlein, welches auf alle Fälle aufgetunkt werden sollte!

REIZKER-KÜCHLEIN

500 g Echte Reizker • 4 EL Butter • 1 große, gekochte Kartoffel • 1 EL Mehl • 2 verquirlte Eier • 1 EL Petersilie • 60 g frisch geriebener Parmesan • Salz • Pfeffer • Semmelbrösel zum Panieren • Öl zum Braten

Die geputzten Pilze werden in schmale Streifen geschnitten, 1 Minute in kochendem Salzwasser blanchiert, abgeseiht und gut abtropfen gelassen. Anschließend werden sie in der heißen Butter gebraten, bis der gesamte Saft verdampft ist. In der Zwischenzeit wird die Kartoffel zerstampft und mit Mehl, einem Ei, dem Parmesan und der gehackten Petersilie vermengt, so daß ein Teig entsteht. Dieser wird gewürzt und die Pilze werden eingearbeitet. Der Teig wird darauf in 10 gleich große Kugeln geteilt, die flachgedrückt werden. Die so entstandenen Küchlein werden in Ei und Semmelbrösel gewälzt und in heißem Öl goldbraun gebraten.

Frauentäubling

Gemischtes Gemüse mit Frauentäublingen, Champignons und Herbsttrompeten

FRAUENTÄUBLING
(Russula cyanoxantha)

Botanische Merkmale: Der Frauentäubling hat wie alle Täublinge einen Stiel, der typisch zylindrisch ist, die Stielbasis verjüngt sich zu einer kleinen Spitze. Der Hut wird bis zu 15 cm breit und bis zu 2,5 cm dick. Erst ist er halbkugelig, bald wird er flachwellig mit schwacher Riefung im Alter. Ganz besonders charakteristisch ist die Hutfarbe: Violett-olivgrünlich herrscht vor, die Farben sind miteinander vermischt. Manchmal mischt sich auch Rosa oder Gelb mit hinein, was dem Frauentäubling eine besondere Schattierung verleiht. Die Haut des Hutes ist bis zur Hälfte abziehbar! Das Fleisch schmeckt ausgesprochen mild und ist weiß wie der Stiel.

Standort: Der Frauentäubling ist in Laubwäldern von Juni bis Oktober besonders unter Buchen zu finden.

Sammeltips: Von den gut 400 bekannten Täublingsarten, von denen etliche als gute Speisepilze zu verwenden sind, zählt der Frauentäubling zu den bekanntesten. Mit seinen gummiartig-elastischen Lamellen und der bis zur Hälfte abziehbaren Huthaut ist er wohl kaum zu verwechseln. Das beste Unterscheidungskriterium zwischen genießbaren und ungenießbaren Täublingen ist der Geschmack: Täublinge mit nußartigem, mildem Geschmack sind eßbar, die ungenießbaren schmecken scharf bis brennend, was aber nicht weiter beunruhigen muß, wenn die Kostprobe wieder ausgespuckt wird!

So hat beispielsweise der ähnlich aussehende *Zitronenblättrige Täubling* einen sehr scharfen Geschmack, seine Lamellen sind zitronen-buttergelb und sprödebrechend, das weiße Fleisch verfärbt sich bei Druck erst gelblich, nach Stunden safranrot.

Verwendung in der Pilzküche: Der Frauentäubling wird von Pilzkennern auch roh mit Salz und Pfeffer gegessen. Er eignet sich gut als Füllung, aber auch feinblättrig geschnitten und gemischt mit gehobelten Kartoffeln als Puffer gebraten, entfaltet er sein einzigartiges Aroma aufs Delikateste.

Lieblingsrezepte

GEFÜLLTE PILZHÜTE

16 schöne, geputzte Frauentäublinge • 8 EL frische Semmelbrösel • 8 EL gehackte Petersilie • Salz und Pfeffer • 5 EL Butter • pro Pilz 1 EL Butter und 1 EL Speiseöl zum Braten

Zunächst trennt man die Hüte von den Stielen, legt die Hüte beiseite und hackt die Stiele fein. Nun werden die gehackten Pilzstiele in der Butter angeröstet und zugedeckt etwa 10 Minuten auf kleiner Flamme dünsten gelassen. Dann werden Semmelbröseln und die gehackte Petersilie beigefügt, gut mit den Pilzen vermischt und die Pfanne noch etwas auf der heißen Herdplatte bei geöffnetem Deckel stehen gelassen, damit das Kochwasser verdunsten kann. Nachdem die Pilzfülle mit Salz und Pfeffer abgeschmeckt wurde, werden die Hüte damit gefüllt und mit der Füllung nach oben auf ein Backblech gelegt. Nun werden sie etwa 20 Minuten bei 150° C im vorgeheizten Backrohr gebraten. Serviert werden die gefüllten Pilzhüte warm zu Blattsalaten oder Braten!

Dieses Rezept eignet sich für alle Pilze, die füllbare Hüte haben: Stein- und Birkenpilze, halb geöffnete Parasole, Champignons u.a.

GEMISCHTES GEMÜSE MIT FRAUENTÄUBLING, CHAMPIGNONS UND HERBSTTROMPETEN

1 Fenchelknolle • 1 roter Paprika • 1 kl. Zucchini • 3 Frühlingszwiebeln • 2 mittlere Karotten • 100 g Frauentäublinge • 100 g Champignons • 1 Handvoll getrocknete, zuvor eingeweichte Herbsttrompeten • 6 EL Olivenöl zum Rösten • Salz und Knoblauch nach Geschmack

Die nudelig geschnittenen Frühlingszwiebeln werden im heißen Olivenöl angeröstet, dann wird das gewaschene, in mundgerechte Stücke geschnittene Gemüse und die geviertelten Pilze beigefügt und alles etwa 10–15 Minuten gar geröstet. Schmecken Sie dieses schnelle, leichte Gericht mit Salz und Knoblauch ab und servieren Sie es mit Salzkartoffeln!

SOMMER (Juli)

Ist der Waldboden nach einem niederschlagsarmen Frühjahr nicht völlig ausgetrocknet, finden sich schon die ersten Sommersteinpilze an den warmen Waldhängen im Gras. Ist es ausreichend feucht, steigt die Zahl der verschiedenen Pilzarten von Tag zu Tag an, so daß sie gar nicht mehr alle namentlich erwähnt werden können. Ich habe hier nur die besten und bekanntesten angeführt. Gelbe Eierschwammerln, die im grünen Moos leuchten, appetitlich braune Maronenröhrlinge und bunte Lacktrichterlinge sind nicht nur hübsch anzusehen, es macht auch Spaß, sie zu verkochen! Alle Arten, die nun fruchten, findet man bei günstigen Bedingungen bis in den Herbst hinein.

Auch für Pilzkenner und Feinschmecker ist allerhand zu entdecken. Etwa der Perlpilz mit seinen beiden giftigen Doppelgängern, der so delikat schmeckt. Auch andere Giftpilze zieren jetzt die Wälder aufs Lieblichste. Wie hübsch sieht doch ein Fliegenpilz im grünen Moos aus! Und das beste daran ist, daß in seiner Nähe meist auch Steinpilze versteckt sind!

Sommer im nördlichen Niederösterreich

SOMMERSTEINPILZ
(Boletus aestivalis)

Botanische Merkmale: Der Hut des Steinpilzes ist hell- bis dunkelbraun, zunächst halbkugelig-rund, dann ausgebreitet-gewölbt. Er wird bis zu 20 cm breit, und die Huthaut ist im feuchten und nassen Zustand glitschig. An der Hutunterseite stehen Röhren, die im jungen Zustand weiß, später gelb und dann olivgrün (niemals rosa!) sind. Druckstellen an den Röhren dunkeln etwas nach, verfärben sich jedoch nicht! Der bauchige, manchmal zylindrische Stiel wird bis zu 15 cm hoch und 5 cm dick, ist erst weiß, dann etwas bräunlich, und hat ein helles, (nie rotes), zartes Netz „aufgezeichnet". Das Fleisch des Steinpilzes ist immer weiß und schmeckt im rohen Zustand mild. Pilzexperten unterscheiden viele verschiedene Unterarten des Steinpilzes, die Unterschiede sind oft nur minimal und liegen in der Hutfarbe, der Netzzeichnung des Stiels, aber auch im Standort.

Der Sommersteinpilz zeichnet sich durch sein im Vergleich zum Steinpilz geringeres Gewicht aus.

Sommersteinpilz (Eichensteinpilz)

Standort: Am häufigsten ist der Sommersteinpilz auf warmen Südhängen unter Eichen zu finden, man entdeckt ihn aber auch unter Buchen im hohen Gras und im Moos. Er gedeiht selten in reinen Nadelwäldern.

Sammeltips: Der Sommersteinpilz ist der früheste aller Röhrlinge und mit Glück schon ab Ende Mai/Anfang Juni in Laubwäldern, vor allem um Eichen und Buchen, zu finden.

Herrenpilz und Steinpilz sind die im Volksmund gängigen Namen für den gleichen Pilz. Da diese im Mittelalter vom gemeinen Volk dem Lehensherrn abgeliefert werden mußten, hat sich seither der Name Herrenpilz eingebürgert.

Steinpilze sind die bei uns wohl bekanntesten und beliebtesten Pilze. Dies liegt nicht nur an ihrem köstlichen Aroma, sondern sicherlich auch daran, daß sie nur schwer verwechselbar sind und viele daher meinen, sie auch risikolos sammeln zu können. Es gibt aber durchaus Pilze, die dem Steinpilz ähnlich sehen: der ungenießbare *Gallenröhrling*, der giftige *Satanspilz* und der *Schönfußröhrling*. Der *Gallenröhrling* sieht dem Steinpilz oft zum Verwechseln ähnlich, so daß sich auch schon manch geübter Pilzesammler erfreut gebückt und enttäuscht von ihm abgewendet hat. Die Hutunterseite des erwachsenen Pilzes ist rosa und hängt polsterartig herab, die Röhren verfärben sich auf Druck rötlich. Die braune Netzzeichnung am Stiel ist erhaben und deutlicher als beim Steinpilz. Wer den Gallenröhrling roh kostet, merkt sofort seine Ungenießbarkeit: Er schmeckt bitter, ist aber nicht giftig, kann jedoch mit seinem bitteren Aroma ein ganzes Pilzgericht verderben!

Der giftige *Satanspilz* hat einen grauen-silbergrauen Hut, dessen Unterseite mit roten Röhren bewachsen ist. Sein sehr dickbauchiger Stiel hat eine rote Netzzeichnung auf gelbem Untergrund und wird zur Basis hin rot. Der *Schönfußröhrling* ist im Kapitel Maronenröhrling beschrieben, da er diesem ähnlicher sieht als dem Steinpilz.

Verwendung in der Pilzküche: Der Steinpilz läßt sich sehr vielfältig verwenden: Roh als Carpaccio mit Olivenöl und Parmesan serviert, in Scheiben geschnitten und paniert als Pilzschnitzel gebacken, als Schwammerlsauce mit Serviettenknödeln, gefüllte Pilzköpfe, mariniert in Essig oder als Füllung für Pilztaschen. Er läßt sich in mundgerechten Stücken leicht roh oder blanchiert einfrieren (für Saucen), aber auch zum Trocknen ist er geeignet, dies verstärkt sein Aroma; solcherart verwendet, verfeinert er Eintöpfe, Suppen und Saucen. In geringen Mengen weniger aromatischen Pilzen oder Kulturchampignons beigefügt, erhält man einen wunderbaren Geschmack. Kleinere Exemplare eignen sich sehr gut zum Einlegen in Essig oder Öl. Steinpilze werden vor der Weiterverarbeitung keinesfalls gewaschen oder gehäutet, weich gewordene, gelblich-grüne Röhren können nach Belieben entfernt werden.

Lieblingsrezepte

Marinierte Steinpilze

2 kg Steinpilze, am besten junge, zarte, die nur halbiert werden müssen • 2 l Weißweinessig • 2 EL Salz • 5 Lorbeerblätter • 30 Gewürznelken • je 2 EL gehacktes Liebstöckel • Pfefferkörner und Majoran • Olivenöl zum Bedecken der in Gläser gefüllten Pilze

Sämtliche Zutaten, das Öl ausgenommen, werden aufgekocht, die Pilze in den heißen Sud gelegt und etwa 5 Minuten mitköcheln gelassen. Dann werden die Steinpilzstücke abgegossen, die man auskühlen läßt. Die kalte Pilzmischung wird nun in einer Schüssel mit Olivenöl übergossen und gut gemischt, anschließend in Gläser mit Schraubverschluß gefüllt und bis zum Rand des Glases mit Olivenöl bedeckt. Achten Sie darauf, daß die Pilze vom Öl völlig bedeckt sind, verschließen Sie die Gläser fest und lagern Sie sie bis zum Verzehr kühl. Nach einer Reifezeit von 4 Wochen können die marinierten Steinpilze auf Antipasti-Tellern, diversen Brötchen und zu kaltem Fleisch serviert werden.

Antipasti mit marinierten Steinpilzen

8 Scheiben Salami • 4 Scheiben Schinkenspeck • eine Auswahl an Hartkäsen, in Scheiben geschnitten • eingelegte Paprika • eingelegte Bärlauchknospen • zarter Camembert • Parmesan in Scheiben • marinierte Steinpilze • knuspriges Baguette

Die angegebenen Zutaten werden in appetitlichen Gruppen auf einem großen Teller oder Holzbrett drapiert. Selbstverständlich kann das Sortiment noch mit frischem Gemüse wie Cocktail-Tomaten ergänzt werden.

Antipasti mit marinierten Pilzen: Stockschwämmchen u.a., Steinpilze, Eierschwammerln (v. li. n. re.)

HERRENPILZ-CARPACCIO

Pro Person 3 junge, feste Herrenpilze • Balsamico-Essig • kaltgepreßtes Olivenöl • Salz • Basilikum • pro Pilz 3 dünne Scheiben Parmesankäse

Die Herrenpilze werden geputzt und in etwa 3 mm dicke Scheiben geschnitten, die auf einem großen Teller nebeneinander aufgelegt werden. Darauf wird eine Schicht Parmesan verteilt, dann kommt das grob gerupfte Basilikum als Dekoration darüber. Vor dem Servieren tröpfelt man das Olivenöl und den Balsamico-Essig darüber und salzt etwas. Das Pilz-Carpaccio sollte sofort serviert werden, da die Pilze sonst glitschig werden! Dazu reicht man ein Glas Prosecco und Toastbrot oder frisch gebackene Pizzabrot-Stangerln.

HERRENPILZ-CREMESUPPE

20–30 g getrocknete Herrenpilze oder 300 g frische Pilze (es können auch ausgeschnittene, große Exemplare sein) • 1 l Wasser • Salz • 125 ml Süßrahm • 125 ml Sauerrahm • frischer Majoran und frisches Liebstöckel • 3 große, mehligkochende Kartoffeln • 1 mittelgroße Zwiebel

Die Zwiebel wird in etwas Butter goldgelb angeröstet, nun wird mit der Hälfte des Wassers abgelöscht, die blättrig geschnittenen oder getrockneten Pilze hinzugefügt und die geschälten, würfelig geschnittenen Kartoffeln beigegeben. Die Suppe sollte etwa 15 Minuten kochen. Sie wird mit den feingehackten Kräutern und mit Salz abgeschmeckt, dann wird der Süßrahm beigefügt und die Suppe noch 10 Minuten köcheln gelassen. Wer möchte, kann die Suppe nun mit Hilfe des Stabmixers pürieren. Serviert wird das fertige Gericht mit einem Häubchen Sauerrahm.

EIERSCHWAMMERL (Pfifferling)
(Cantharellus cibarius)

Botanische Merkmale: Der dottergelbe Hut ist in jungem Zustand konvex, dann trichterförmig, mit lappigem, unregelmäßigem, verbogenem Rand. Er erreicht eine Breite von bis zu 12 cm, und seine Unterseite ist von Faltenleisten durchzogen, die unregelmäßig am Stiel herablaufen und auch gelb sind. Der Hut geht gleichmäßig in den Stiel über; das Pilzfleisch ist blaßgelb und fest, hat einen pfeffrigen

Eierschwammerln, schon am Fundort sauber geputzt

Geschmack und einen frischen, aromatischen Geruch, der an Marillen erinnert. Bei Druck gibt es keine Verfärbung. Eierschwammerln sind meist wurmfrei.

Standort: Das Eierschwammerl ist ein Pilz der Alpenländer. Es kommt in Mischwäldern häufig unter Blättern, Farnen und Moos vor und steht meist in Gruppen. Aber auch in reinen Laub- und Nadelwäldern wächst dieser Pilz oft in großen Mengen. Es gibt – standortabhängig – kleinwüchsige Sorten, die nur 2–3 cm groß werden, aber auch Riesenschwammerln, mit Durchmessern bis zu 10 cm!

Sammeltips: Eierschwammerln können von Juni bis zum Frost geerntet werden. Sammeln Sie in luftige Körbe, und verarbeiten Sie die Pilze so rasch wie möglich. Da Eierschwammerln nicht gewaschen werden sollten, ist es wichtig, sie gleich nach der Ernte an Ort und Stelle sauber zu putzen. Am besten gelingt dies mit einem grobborstigen Pinsel.

Der ungenießbare, orangerote *Falsche Eierschwamm* hat einen trichterförmigen Hut mit gleichmäßig eingerolltem Rand, während der giftige *Ölbaumpilz* orangerot bis orangebraun ist und einen trichterförmigen, oft eingerissenen Hut hat; er wächst auf Holz, und meist sind mehrere Pilze miteinander an langen Stielen verwachsen. Er leuchtet angeblich im Dunkeln!

Verwendung in der Pilzküche: Wohl kaum einer kennt das Eierschwammerl nicht und dementsprechend groß ist auch seine Beliebtheit, obwohl viele Pilzfachleute die Meinung vertreten, daß es weit bessere und bekömmlichere Speisepilze gibt als diesen. Eierschwammerln sind sehr schwer verdaulich und sollten keinesfalls abends gegessen werden.

Sie sind farblich äußerst attraktive und dekorative Pilze, die sich vielseitig verwenden lassen. Da sie meist wurmfrei sind, halten sie sich, kühl gelagert, auch mehrere Tage. Eierschwammerln eignen sich gut für Saucen und als Füllungen für Teigtäschchen und Nudelteig. Auch zum Einlegen sind sie bestens geeignet, und in Kombination mit Herbsttrompeten ergeben sich farbenfrohe Antipasti-Kombinationen oder Buffet-Häppchen. Eine ganz besondere Verarbeitungsvariante stellen die süßen Eierschwammerln dar sowie das Eierschwammerlkompott, sehr zur Gaumenfreude aller Pilzfreunde. Zum Einlegen in Essig oder Öl eignen sich Eierschwammerln ebenfalls sehr gut, auch in Kombination mit anderen Pilzen, jedoch nicht zum Trocknen und weniger zum Einfrieren. Hierfür müssen sie zuvor zumindest blanchiert werden.

Auch Eierschwammerln dürfen vor der Verarbeitung keinesfalls gewaschen werden, da sie ansonsten zuviel an Aroma einbüßen!

Lieblingsrezepte

Pilztaschen mit Eierschwammerln und Steinpilzen

Pizzateig aus 600 g Mehl • 100 g Speck, in Stäbchen geschnitten • 2 EL Olivenöl • 150 g Eierschwammerln und 150 g Steinpilze, fein geschnitten • 400 g Ricotta • 4 Eier • 60 g frisch geriebener Parmesan • 4 EL gehackte Petersilie • Salz • Pfeffer • Muskat nach Geschmack • 1 Ei zum Bestreichen • Olivenöl zum Backen

Die Speckstifte werden in Öl gebraten, bis sie goldbraun sind, dann wird ein zweiter Löffel Olivenöl und die Pilze beigegeben. Nun wird das ganze 2–3 Minuten sautiert. Dann wird der Ricotta glattgerührt, mit den 4 Eiern, dem Speck, dem Parmesan und der Petersilie gemischt und mit den Gewürzen abgeschmeckt. Nun wird der Pizzateig in 24 gleich große Portionen geteilt, die auf einer bemehlten Arbeitsfläche zu kleinen Pizzen von 10 cm Durchmesser plattgedrückt werden. Auf je eine Pizzateighälfte wird nun 1 EL der Füllung gegeben und die andere Hälfte darübergeklappt. Die Teigränder werden mit dem verquirlten Ei bestrichen. Sind alle Teigtaschen fertig, wird eine Pfanne 1 cm hoch mit Olivenöl befüllt. Nun werden die Pilztaschen in das erhitzte Öl gelegt und 3 Minuten goldbraun gebacken.

Zum Abtropfen werden die Teigtaschen auf Küchenkrepp gelegt, sie werden warm serviert.

Vogerlsalat mit Eierschwammerl-Kürbisgemüse

4 Handvoll Vogerlsalat • 400 g Kürbisfleisch • 1 EL Olivenöl • 200 g junge Eierschwammerln • 2 EL Schnittlauch • 2 EL Petersilie • 2 EL Kürbiskerne • Salz • Pfeffer • Balsamico-Essig • Kürbiskernöl

Der sauber gewaschene Vogerlsalat wird nestartig auf 4 Teller verteilt und mit Balsamico-Essig, Kernöl, Salz und Pfeffer abgeschmeckt. Dann wird das Kürbisfleisch in etwa 1 cm dicke und 3 cm lange Streifen geschnitten und mit den Eierschwammerln im erhitzten Olivenöl glasig angebraten. Anschließend wird mit Salz und Pfeffer gewürzt und der Deckel geschlossen, damit das Gemüse noch 5 Minuten ziehen kann. Dann wird es in die Mitte des Vogerlsalatnestes gefüllt, mit den gehackten Kräutern bestreut und mit Balsamico-Essig und Kernöl beträufelt.

Servieren Sie diesen Salat, solange das Gemüse noch warm ist!

REHLEBER-EIERSCHWAMMERL-PASTETE

800 g passierte Leber • 300 g faschierter, geselchter Speck • 3 EL feingehackte Petersilie • 10 EL feingehackte Zwiebeln • abgeriebene Schale von ½ unbehandelten Zitrone • 40 g warme Butter • 4 Eidotter • 80 g Semmelbrösel • 20 g Salz • 2 g Pfeffer • 500 g geputzte Eierschwammerln

Die feingehackten Zwiebeln und die Eierschwammerln (sind sie klein, so bleiben sie im Ganzen, sind sie groß, werden sie der Länge nach halbiert und in Achtel geteilt) werden in etwas Butter goldbraun geröstet. Dann werden die übrigen Zutaten gut miteinander verrührt, mit der Zwiebel-Pilz-Mischung gemischt und in kleine Pastetengläser gefüllt, und zwar so, daß 3 cm vom Glasrand oben frei bleiben. Die gefüllten Gläser werden ins kalte Backrohr gestellt und 1,5 Stunden bei 160° C sterilisiert.

Rehleber-Eierschwammerl-Pastete mit Rotem Holler-Chutney

EIERSCHWAMMERLN, SÜSS EINGELEGT

300 g kleine Eierschwammerln • ½ l Wasser • 1 kg Marillen • 300 g Honig • 30 ml Essig • 1 Prise Salz • Zitronenthymian • ¼ TL Lemon Grass • ½ TL Koriander • 10 Gewürznelken • 10 Wacholderbeeren

Die halbierten, entkernten Marillen werden mit den anderen Zutaten, außer den Eierschwammerln, in einem Topf aufgekocht, dann werden die geputzten Eierschwammerln in einem Sieb ins Kompott gehängt und mitgekocht. Nach etwa 20 Minuten werden die Marillen mit ausreichend Kompottsaft entnommen, sie können als Kompott gegessen werden.

Die Schwammerln werden aus dem Sieb in den Kompottsaft geschüttet und weitere 15 Minuten eingekocht. Dann werden sie herausgeholt, in Gläser gefüllt und die Flüssigkeit zu Sirup eingekocht. Der von den Gewürzen befreite Sud wird anschließend über die Eierschwammerln gegossen, so daß diese zur Gänze damit bedeckt sind.

Diese Schwammerln passen gut zu Zwetschkenknödeln, aber auch zu Wildbraten.

MARONENRÖHRLING

(Xerocomus badius)

Botanische Merkmale: Der Maronenröhrling hat einen satt-maronibraunen, samtigen Hut von 6–12 cm Durchmesser. An seiner Unterseite sitzen gelbe, später grünlich-gelbe Röhren, die sich bei Druck blau verfärben. Er ist jung kugelig, später ausgebreitet und flach gewölbt. Der Stiel ist zuerst bauchig, dann zylindrisch, an der Basis schmäler werdend. Ganz charakteristisch ist die fasrige Längsstreifung des Stiels, die immer bräunlich gestreift, niemals netzartig rot aussieht!

Standort: Maronenröhrlinge sind von Juni bis zum Frost in Nadelwäldern rund um alte Baumstrünke zu finden.

Sammeltips: *Satanspilz* und *Schönfußröhrling* sind unter Umständen mit dem Maronenröhrling zu verwechseln. Allerdings haben beide bauchige, oben gelbe, an der Basis rote Stiele mit netzartiger Zeichnung. Vorsicht! Auch die Röhren der Doppelgänger verfärben sich bei Druck grün-bläulich!

Verwendung in der Pilzküche: Es gibt bei uns bis zu 50 verschiedene Röhrlinge, etwa 36 davon sind eßbar. Die anderen verursachen Magen-Darm-Beschwerden oder schmecken erdig-muffig. Es gibt jedoch keinen tödlich-giftigen unter ihnen.

Der Maronenröhrling ist, was sein Aroma und seine Verwendungsmöglichkeiten anlangt, dem Steinpilz ebenbürtig. Besonders junge Exemplare mit ihrem festen Fleisch und dem frischem Aroma sind sehr schmackhaft. Kurz blanchiert, sind sie eine köstliche Zutat zu Salaten, als Beilage zu Fleisch- und Fischgerichten sind sie sehr zu empfehlen. Besonders exquisit schmecken sie mit Knoblauch und Petersilie in Butter geschwenkt. Maronenröhrlinge lassen sich tiefkühlen, einlegen und trocknen; sie zeichnen sich durch einen zarten, feinen Geschmack aus. Allerdings sollte wegen seiner hohen Strahlenbelastung seit dem Unglück von Tschernobyl nur 2–3 mal pro Pilzsaison ein Gericht aus Maronenröhrlingen auf den Tisch kommen, das sie zu den derzeit am meisten verstrahlten Pilzen zählen. Schade, denn dieser Pilz ist häufiger zu finden als der Steinpilz!

Lieblingsrezepte

SCHMARREN MIT MARONENRÖHRLINGEN

300 g Maronenröhrlinge • 1 kleine Zwiebel • 2–3 Eier • 1 eischwer Mehl • ½ l Milch • Butter zum Braten • Petersilie • Salz und Pfeffer nach Geschmack

Mehl, Eidotter und Milch werden zu einem zähflüssigen Teig verrührt, mit Salz abgeschmeckt und beiseite gestellt. Nun wird die gehackte Zwiebel in etwas Butter in einer Pfanne goldgelb geröstet, die geschnittenen Pilze beigefügt und die Mischung etwa 10 Minuten gedünstet. Dann wird der Deckel entfernt, damit die entstandene Kochflüssigkeit entweichen kann. Nun werden die Eiklar zu Schnee geschlagen, den man unter die Teigmasse hebt. Der Teig wird etwa 2 cm hoch in eine befettete Pfanne gegossen und etwa 2 Minuten bei höchster Hitze goldbraun geröstet, danach wird er gewendet und auch die zweite Seite goldbraun angebraten. Dann wird das Pilzgemisch gleichmäßig auf dem Teig verteilt und dieser mit zwei Gabeln in mundgerechte Stücke gerissen. Der Schmarren wird unter ständigem Rühren fertig gebraten, mit der gehackten Petersilie bestreut und mit Blattsalat serviert.

BANDNUDELN MIT PILZSUGO

200 g Bandnudeln • 2 Schalotten • 150 g Maronenröhrlinge • 2 Knoblauchzehen • 50 g Räucherspeck • ⅛ l Suppe oder Wasser • 250 g frische Tomaten, in Würfeln oder Dosentomaten • Olivenöl • Salz und Pfeffer • Basilikum • Estragon • Rosmarin nach Geschmack

Die gehackten Schalotten werden mit dem feingeschnittenen Knoblauch und dem Speck im Olivenöl angeröstet, dann werden die geputzten und in Streifen geschnittenen Pilze beigefügt und mitgeröstet. Nach etwa 10 Minuten werden die Tomatenstückchen beigefügt und alles auf kleiner Flamme 15 Minuten gedünstet. Bei Bedarf Suppe oder Wasser beifügen und mit Salz, Pfeffer und Kräutern nach Geschmack würzen. Das Sugo sollte breiartig eingekocht sein und auf den bißfest gekochten Nudeln serviert werden.

PERLPILZ
(Amanita rubescens)

Botanische Merkmale: Junge Perlpilze haben einen kugeligen, gelblichbraunen Hut, der sich im Alter gewölbt ausbreitet und dunkelbräunlich wird, mit einem Durchmesser von 15 cm. Der Unterton des braunen Hutes ist meist rosarot, so, als wäre der Pilz erst rosa, dann braun gestrichen worden. Auf dem Hut sitzen grauweißliche Flocken, die unregelmäßig verteilt sind. Der Hutrand ist nicht gerieft, die Huthaut läßt sich leicht bis zur Hälfte des Hutes abziehen und gibt ein rosa bis rötlichbraunes Fleisch frei, das sich auch noch binnen Minuten so färben kann. Der Perlpilz verfärbt sich auch stark am Stiel, der oft von Maden zerfressen ist, die dann wie rötlichbraune Punkte aussehen. Am Stiel sitzt ein manschettenartiger Ring, der gerieft ist und an der Basis zur kräftigen Knolle wird. Sie ist fest mit dem Stiel verwachsen und hat pustelartige Warzen. Der Perlpilz wird bis zu 20 cm hoch.

Maronen-röhrling

Königs-röhrling

Perlpilz

Standort: Perlpilze sind recht häufig in den Laubmischwäldern des Gebirges zu finden.

Sammeltips: Der Perlpilz gilt als sehr guter Speisepilz und kommt häufig vor, zwei Eigenschaften, die ihn zum gesuchten Pilz machen müßten, hätte er nicht zwei tödlich-giftige Doppelgänger: den *Pantherpilz* und den *Braunen Fliegenpilz.* Der Perlpilz schmeckt aber so köstlich, daß es sich lohnt, die Unterscheidungsmerkmale genau kennenzulernen und ihn mit einem erfahrenen Pilzkenner zu sammeln! Der *Pantherpilz* hat einen gerieften Hutrand, eine nicht geriefte Manschette, und die Knolle sitzt in einer stulpenartigen Scheide, die vom Stiel abgesetzt und ohne warzenförmige Pusteln ist. Sein Fleisch unter der Huthaut und im Stiel ist weiß und verfärbt sich nicht. Der *Braune Fliegenpilz* hat einen im Alter stark gerieften Hut, der sattbraun ist und regelmäßig verteilte weißlich-gelbe Flocken hat. Das Fleisch unter der Huthaut ist gelbbraun. Lamellen und Stiel sind weiß bis gelblich. Die Manschette hat einen gelben Rand, ist nicht gerieft, aber zersetzt sich bald. Die Stielbasis ist zu einer Knolle ausgewachsen, die von warzigen Ringen überzogen ist. Der Fliegenpilz verfärbt sich im Anschnitt nicht!

Ziehen Sie die Huthaut des Perlpilzes gleich am Fundort ab, Sie haben dann nicht nur ein wichtiges Erkennungsmerkmal, sondern bereits Vorbereitungsarbeiten getroffen, denn die Haut muß vor dem Kochen ohnehin abgezogen werden, da sie zäh wird. Des weiteren sollten die Pilze schon am Fundort der Länge nach halbiert werden, dann können von Maden befallene Exemplare gleich im Wald gelassen werden und auch das Erkennungsmerkmal des rosa anlaufenden Fleisches kann überprüft werden!

Sammeln Sie nur junge, knackige Exemplare, da Perlpilze schnell madig werden!

Verwendung in der Pilzküche: Perlpilze sind ausgezeichnete Speisepilze und werden sowohl pur als auch als Mischpilze verwendet. Sie müssen gut gegart werden, mindestens 15–20 Minuten, denn roh sind sie giftig! Sie dürfen keinesfalls roh gekostet werden!

Der Perlpilz eignet sich besonders für Pilzrisotto, als Füllung für Pasteten und Palatschinken. Die Stiele können in Pilzsuppen verkocht werden. Perlpilze eignen sich nicht zum Trocknen.

Lieblingsrezepte

PERLPILZ-RISOTTO

400 g Risotto-Reis • 200 g Perlpilze oder gemischte Pilze • 1 Knoblauchzehe • ½ Zwiebel • 5 EL Parmesankäse, gerieben • 3 EL Olivenöl • 1 l Wasser • 3 EL Petersilie, feingehackt

Die feingehackte Zwiebel und die Knoblauchzehe werden in Öl leicht gebräunt. Dann werden die feingeschnittenen Pilze beigegeben und auf kleiner Flamme 20 Minuten gedünstet. Anschließend wird der Reis beigefügt und die Mischung unter ständigem Rühren eingekocht. Nun werden 2–3 Schöpflöffel Wasser beigefügt und alles so lange gedünstet, bis das Wasser verdampft und der Reis bißfest ist (das dauert etwa 20 Minuten). Zum Schluß wird die feingehackte Petersilie und der Parmesan unter das Risotto gehoben.

ROSTROTER LACKTRICHTERLING
(Laccaria laccata)

Botanische Merkmale: Der Hut hat einen Durchmesser von 2–5 cm, seine Farbe ist, wenn er feucht ist, fleischviolett, ockerrot, im trockenen Zustand blaßt sie stark aus, bis der Hut lederfarben ist. Er ist im jungen Zustand kugelig, dann flach aufgeschirmt mit zentralem Nabel, alt sieht er flatterig-wellig verbogen aus. Auch die Lamellen sind rötlich-ocker und ebenso breit auseinander wie beim Amethystblauen Lacktrichterling. Der Stiel ist 5–10 cm lang und ebenso gebaut wie der des Amethystblauen Lacktrichterlings, nur ocker-rot. Auch das Fleisch dieses Pilzes ist von ähnlicher Konsistenz wie das des violetten Verwandten, nur duftet es angenehm nach Kuchengewürz.

Standort: Der Rostrote Lacktrichterling ist zwischen Heidelbeersträuchern auf sauren Böden in feuchten Gebieten des Laub- und Nadelwaldes zu finden.

Sammeltips: Die Pilze sind oft versteckt unter Heidelbeersträuchern!

Verwendung in der Pilzküche: Der Rostrote Lacktrichterling ist ein Mischpilz, der vielen Gerichten beigefügt werden kann. Er eignet sich sehr gut zum Trocknen, da er seine schöne Farbe behält.

Lieblingsrezepte

SOMMERLICHER SALAT VON GEMISCHTEN PILZEN

1 kg gemischte Sommerpilze (Steinpilze, Amethystblaue Lacktrichterlinge, Rostrote Lacktrichterlinge, Reizker, Frauentäublinge u.a.) • 8 EL Olivenöl • 2 Frühlingszwiebeln • 1 Chilischote • 1 Bund Petersilie • Salz • Zitronensaft

Die geputzten Pilze werden in gleichmäßig dicke Scheiben geschnitten und in Salzwasser bißfest blanchiert. Danach seiht man die Pilze ab und stellt sie beiseite. Die in feine Scheiben geschnittenen Frühlingszwiebeln werden mit dem feingehackten Knoblauch und der geschnittenen Chilischote im heißen Öl angebraten, jedoch nicht gebräunt. Dann werden die Pilze beigefügt und bei höherer

Temperatur etwa 10 Minuten gegart. Anschließend fügt man die gehackte Petersilie und den Zitronensaft bei und salzt nach Geschmack. Der Pilzsalat kann noch warm oder kalt mit Pizzabrot oder Toast serviert werden.

AMETHYSTBLAUER LACKTRICHTERLING
(Laccaria amethystina)

Botanische Merkmale: Der Amethystblaue Lacktrichterling hat einen braunvioletten Hut von 3–5 cm Durchmesser. Jung ist er rundlich gewölbt, dann rundlich ausgebreitet. Wenn er feucht ist, ist er violett, im trockenen Zustand hellviolett bis weißlich verblassend. Die Lamellen an der Hutunterseite sind violett, dick und sehr weit voneinander entfernt, sie laufen etwas am Stiel herab, an dem sie angewachsen sind. Dieser ist bis 8 cm hoch und 0,5 cm dick mit violetter Farbe und weißlich-violetten Fasern. Auch das Fleisch ist violettbräunlich, weich und im Stiel fasrig. Es ist von mildem Geschmack.

Amethystblauer Lacktrichterling

Standort: Auch der Amethystblaue Lacktrichterling ist zwischen Heidelbeeren und Moosen auf sauren Böden im Laub- und Nadelwald zu finden, aber auch in Mischwäldern. Diese farbenprächtigen Pilze sind nicht nur in der Ebene, sondern bis ins Gebirge verbreitet.

Sammeltips: Suchen Sie besonders zwischen Moospolstern und Heidelbeersträuchern!

Verwendung in der Pilzküche: Auch der Amethystblaue Lacktrichterling ist gut zum Trocknen geeignet, da er seine schöne Farbe behält. Er schmeckt sehr gut im Risotto, in Reisfleisch gemischt und auf Toast.

Lieblingsrezepte

RISOTTO VON SOMMERPILZEN

600 g Risotto-Reis • 1,5 l Wasser • 125 ml Süßrahm • 5 Schalotten • 5 EL Olivenöl • 300 g frische Sommerpilze (Sommersteinpilze, Amethystblaue Lacktrichterlinge, Rostrote Lacktrichterlinge, Frauentäublinge, Eierschwammerln) • 3 EL Pilzgewürzpulver oder Steinpilzgewürzpulver • Salz • 1 EL gehackte Petersilie und Estragon oder gemischte Wildkräuter (Schafgarbe, Wegerich, Giersch) • 10 EL frisch geriebener Parmesan

Das Olivenöl wird in einem großen Topf erhitzt und anschließend werden die feingehackten Schalotten, der Reis, das Pilzpulver sowie das Salz beigefügt. Dann gießt man unter ständigem Rühren ½ l Wasser zu und kocht alles so lange, bis die Flüssigkeit eingekocht ist. Nun werden die geputzten, in mundgerechte Stücke geteilten Pilze beigefügt, dann wird mit dem restlichen Wasser aufgegossen und das Risotto unter mehrmaligem Umrühren gedünstet, bis es gar ist. Zum Schluß rührt man den Parmesan und die Kräuter ein, verfeinert mit dem Süßrahm und serviert das Risotto zu Braten oder Blattsalat.

Je nach den Zutaten des Pilzgewürzpulvers und der Mischung der Sommerpilze kann ein würzig-pfeffriges (mehr Eierschwammerln und Pilzgewürzpulver aus Habichtspilzen, Steinpilzen sowie Semmelstoppelpilzen) oder ein mild-aromatisches Risotto (mehr Steinpilze, Frauentäublinge und Steinpilzgewürzsalz) hergestellt werden.

HOCHSOMMER (August)

Selbst der größte Laie findet nun oft beim Spaziergang neben den Wald- und Feldwegen jene Pilze, welche die Natur jetzt im Überfluß gedeihen läßt. Auch im eigenen Garten sprießen bekannte und unbekannte Hüte aus dem Gras. Berührend malerische Steinpilze, in verschiedensten Größen, wie eine Familie, sitzen unter den Bäumen, Hexenröhrlinge, Reizker und Täublinge in bunt schillernden Farben, Rotkappen und Birkenpilze wachsen unter ihren Wirtsbäumen. Die exotisch anmutenden Habichtspilze ducken sich ins grüne Moos, und gelblich leuchtende Semmelstoppelpilze bevölkern den Waldboden.

Auf Weiden und Wiesen finden wir Hexenringe von Wiesenchampignons im dunkelgrünen Gras, und besondere „Glückspilze" finden die ersten Parasole, die wie weiße, duftende Sonnenschirme am Waldrand stehen.

Der Höhepunkt der Pilzsaison beginnt, allerdings ist auch er abhängig von der Feuchtigkeit der Böden. In trockenen Jahren ist manchmal nicht ein einziges Pilzchen zu finden. Wer wünscht sich da nicht ab und zu einen warmen Sommerregen?

Gleichzeitig werden auch die Wildfrüchte reif, und zahlreiche Kombinationen bieten sich nun an: Sanddorn, Preiselbeeren, Kornelkirsche, Brombeere, Schwarzer Holunder u.v.a. lassen sich zu pikanten Schwammerl-Wildfrucht-Kreationen verwenden!

STEINPILZ (Herrenpilz)
(Boletus edulis)

KIEFERNSTEINPILZ
(Boletus pinicola)

Botanische Merkmale: Der Hut des Steinpilzes ist hell- bis dunkelbraun, zunächst halbkugelig-rund, dann ausgebreitet-gewölbt. Er wird bis zu 20 cm breit, und die Huthaut ist im feuchten und nassen Zustand glitschig. An der Hutunterseite stehen Röhren, die im jungen Zustand weiß, später gelb und dann olivgrün (niemals rosa!) sind. Druckstellen an den Röhren dunkeln etwas nach, verfärben sich jedoch nicht!

Der bauchige, manchmal zylindrische Stiel wird bis zu 15 cm hoch und 5 cm dick, ist erst weiß, dann etwas bräunlich, und hat ein helles, (niemals rotes), zartes Netz „aufgezeichnet“. Das Fleisch des Steinpilzes ist immer weiß und schmeckt im rohen Zustand mild und nußartig. Pilzexperten unterscheiden viele verschiedene Unterarten des Steinpilzes, die Unterschiede sind oft nur minimal und liegen in der Hutfarbe, der Netzzeichnung des Stiels, aber auch im Standort.

Standort: Steinpilze wachsen in allen Arten von Wäldern; je nach Unterart sind sie bei bestimmten Baumarten zu finden, mit denen sie in Symbiose leben. So kommt der Eichensteinpilz besonders bei Eichen, der Fichtensteinpilz hauptsächlich unter Fichten vor usw. Steinpilze sind aber auch an Waldrändern, im dichten Gras oder unter Farnen zu finden.

Sammeltips: Sammeln Sie nur junge, feste Exemplare, und kontrollieren Sie alle Pilze schon am Fundort auf Pilzmaden. Bei älteren Pilzen mit grüngelben Röhren ist es ratsam, diese gleich an der Fundstelle vom Hut zu trennen und im Wald zu lassen, da die Pilze so besser haltbar sind.

Verwendung in der Pilzküche: Der Steinpilz ist neben dem Eierschwammerl wohl der bekannteste Speisepilz aus der Wildsammlung. Er wird für die vielfältigsten Pilzgerichte verwendet. Bei uns werden die ersten Exemplare der Saison paniert, gebacken und mit Sauce tatare serviert. Dann folgen meist Schwammerlsaucen mit Knödeln oder Petersilkartoffeln. In der Zwischenzeit werden etliche als Pilzvorrat getrocknet und in Olivenöl eingelegt. Dann gibt es noch Steinpilzcarpaccio und Baguette, mit Pilzkrüstchen überbacken.

Lieblingsrezepte

Gewürzöl von getrockneten Steinpilzen

0,5 l Olivenöl, kaltgepreßt • 2 Handvoll getrocknete Steinpilze • 1 Zweig getrocknetes Liebstöckel

Die getrockneten Pilze und Kräuter werden in ein sauberes, dunkles Gefäß mit breitem Rand (Milchflasche) geschichtet und mit dem Öl bis zum Rand aufge-

Im morgendlichen Sommerwald

Fichtensteinpilz

Kiefernsteinpilz

Gebackene Steinpilze auf Kräuterbett mit Sauce tatare (Rezept „Fritierte Hüte von Parasol, Schopftintling und Champignon")

füllt. Der Ansatz sollte zum Reifen etwa 2 Monate an einen kühlen Ort gestellt werden. Mit diesem Gewürzöl von kräftig-steinpilzigem Aroma lassen sich Suppen, Saucen und Strudel aromatisieren, indem die Zutaten im Gewürzöl angeröstet werden. Aber auch über Kartoffelsalat geträufelt, entfaltet es sein charakteristisches Aroma vortrefflich.

BEIGNETS MIT STEINPILZEN

4 Eier • 200 g Mehl • 100 ml Milch • Salz und Pfeffer • 300 g frische oder 30 g getrocknete Steinpilze, in der vorher angegebenen Menge Milch eingeweicht • 1 kleine Zwiebel • reichlich Öl zum Ausbacken

Die Eier werden verquirlt, mit dem Mehl und der Milch verrührt und gewürzt. Nun werden die geputzten und feingeschnittenen Pilze sowie die feingehackte Zwiebel beigefügt und im Teig vorsichtig verrührt. Danach wird eine Eisenpfanne etwa 1 cm hoch mit Öl befüllt und dieses stark erhitzt. Dann wird der Teig eßlöffelweise ins Öl gelegt und die Beignets langsam auf beiden Seiten gebacken, bis sie goldbraun sind. Servieren Sie die Steinpilzbeignets heiß mit Sauce Tatare oder Kartoffelsalat mit Kürbiskernöl, aber auch scharfes Hollerchutney und Preiselbeerkompott passen ausgezeichnet.

STEINPILZ-CROSTINI

400 g Steinpilze oder gemischte Pilze oder 300 g gekaufte Champignons und 20 g getrocknete Steinpilze • 3 EL Olivenöl • 1 große Zwiebel • 50 g magerer Bauchspeck • 1 Knoblauchzehe • Salz und Pfeffer • 12 Scheiben Baguette • 1 EL Petersilie, feingehackt

Öl wird in einer Pfanne erhitzt und der in feine Streifen geschnittenene Bauchspeck, die feingehackte Zwiebel und der gepreßte Knoblauch beigefügt. Dies läßt man einige Minuten anschwitzen. Dann werden die in Streifen geschnittenen Pilze hinzugefügt und 10 Minuten garen gelassen. (Die trockenen Pilze werden zuvor 20 Minuten in heißem Wasser eingeweicht). Danach entfernt man den Deckel und läßt die Pilzmischung ohne Deckel köcheln, bis das Kochwasser verdunstet ist. Nun wird mit Salz und Pfeffer abgeschmeckt, die Mischung läßt man leicht abkühlen und verteilt sie anschließend auf die getoasteten Brotscheiben, sie wird mit Petersilie bestreut und heiß serviert.

Die Pilzmischung kann auch auf längsgeschnittene Baguettes gestrichen und mit Toastkäsescheiben oder Mozzarella belegt werden, die anschließend im heißen Backrohr bei 220° C 5 Minuten aufgebacken werden.

STEINPILZ-CREME

500 g frische Steinpilze • 1 mittelgroße Zwiebel • 6 EL Olivenöl • 1 l Gemüsebrühe oder Wasser • 1 Becher Crème fraîche • Salz • Pfeffer • etwas Muskatnußpulver und gehackte Schafgarbe nach Geschmack.
Für die Croûtons: *3 EL Butter • 3 Scheiben Weißbrot*

Die geputzten, in Stücke geschnittenen Steinpilze werden mit der feingehackten Zwiebel 5 Minuten in Öl angeschwitzt, dann mit der Brühe oder dem Wasser aufgegossen, aufgekocht und auf kleiner Flamme 20 Minuten köcheln gelassen. Nun wird die Suppe mit dem Stabmixer püriert, mit Crème fraîche abgeschmeckt, gewürzt, mit den Kräutern vermengt und langsam erwärmt. Die in der Zwischenzeit bereiteten Croûtons (Brotwürfel in Butter rösten) werden in der heißen Suppe serviert.

POLENTA MIT PILZEN

350 g frische Steinpilze oder Zuchtchampignons und dazu 25 g getrocknete Steinpilze • ½ Stange Lauch (Porree) • 3 EL Olivenöl • 2 EL Butter • 1 kleine Dose Tomaten oder 3 große, frische • Salz • Pfeffer.
Für den Polenta: *1,5 l Salzwasser • 300 g Maisgrieß • 2 EL Butter • 60 g frisch geriebener Parmesan*

Die frischen, geputzten Pilze werden in Scheiben geschnitten, die getrockneten müssen über Nacht eingeweicht werden. Für die Sauce wird erst der nudelig geschnittene Lauch in der Öl-Butter-Mischung gedünstet, dann werden die Pilze beigefügt und die Mischung bei hoher Temperatur unter ständigem Rühren gebraten. Nun werden die zerkleinerten Tomaten beigefügt und die Sauce etwa 20 Minuten weiter gekocht, bis die überschüssige Flüssigkeit verkocht ist. Danach wird mit Salz und Pfeffer abgeschmeckt.

Für den Polenta wird das Salzwasser aufgekocht, der Maisgrieß eingerührt und ständig gerührt, damit sich keine Klumpen bilden. Nach etwa 30 Minuten löst sich der Polenta vom Topfrand, dann wird die Butter und die Hälfte des Parmesans untergezogen. Der Polenta wird in flachen Tellern angerichtet, wobei in die Mitte jeweils etwas Pilzsauce gegeben wird. Darüber kommt der restliche Parmesan.

FLOCKENSTIELIGER HEXENRÖHRLING

Schusterpilz (Boletus erythropus)

Botanische Merkmale: Der Hut ist dunkelbraun-samtig und 20 cm breit, erst halbkugelig, dann ungleichmäßig polsterförmig gewölbt. Die Hutunterseite ist rot gefärbt, wird der Pilz jedoch auseinandergeschnitten, sieht man, daß die Röhren im Längsschnitt grünlichgelb sind. Sie verfärben sich nun sofort schwarzblau, das zunächst gelbe Pilzfleisch verfärbt sich ebenso rasch blau. Auch von außen verfärbt sich die rote Hutunterseite bei Druck dunkel. Der Stiel ist keulenförmig und wird zur Basis hin mit 5 cm Durchmesser dicker.

Standort: Der Flockenstielige Hexenröhrling ist in Laubmischwäldern von der Ebene bis ins Gebirge besonders unter Eichen und Fichten zu finden.

Sammeltips: Ab Juni ist dieser Pilz häufig in „Hexenringen“ anzutreffen. Dies sind Gruppen von Pilzen der gleichen Sorte, die einen Streifen bilden, der wiederum einen Kreis bildet. Diese Hexenringe entstehen dadurch, daß sich das unterirdische Pilzmyzel, aus dem die „Fruchtkörper“ (= die Pilze), die wir sammeln, herauswachsen, ringförmig ausbreitet.

Noch zur Ergänzung sei gesagt, daß die Blauverfärbung einiger Röhrlinge nichts mit ihrem Wohlgeschmack zu tun hat.

Grundsätzlich kann man sagen, daß alle *rotröhrigen* Röhrlinge nur von jenen gesammelt werden sollten, die sie auch sicher bestimmen können, da es doch einige giftige oder giftverdächtige unter ihnen gibt, wie etwa den *Satanspilz*, den *Gallenröhrling*, den *Wurzelnden Bitterröhrling*, den *Wolfsröhrling* und den *Schönfußröhrling*.

Hexenröhrlinge zu suchen – diese sind ja ebenfalls rotröhrig –, ist eine Tätigkeit für den fortgeschrittenen Pilzsammler. Und das nicht nur, weil sie vom giftigen *Satanspilz* (Beschreibung siehe Sommersteinpilz) und dem giftigen *Schönfußröhrling*

Flockenstieliger Hexenröhrling mit charakteristischer Zeichnung am Stiel

(Beschreibung siehe Maronenröhrling) unterschieden werden müssen und diesen oft sehr ähnlich sehen, sondern auch, weil einer der beiden Hexenröhrlinge, nämlich der *Netzstielige Hexenröhrling,* niemals mit Alkohol genossen werden darf!

Wer dieses Verbot beachtet oder ausschließlich den *Flockenstieligen Hexenröhrling* verwendet, wird köstliche Speisepilze entdecken.

Das stärkste Unterscheidungsmerkmal der beiden Hexenröhrlinge ist die Zeichnung an der Stieloberfläche: Beim Flockenstieligen Hexenröhrling besteht sie aus dichten roten Schüppchen, während sie beim Netzstieligen ein weitmaschiges, rotbraunes Netz auf gelbem Grund darstellt. Dieses Merkmal ist nur bei ausgewachsenen Exemplaren ersichtlich! Einfacher ist es sicherlich, generell auf den Alkoholgenuß bei Pilzgerichten zu verzichten, denn an sich sind beide Hexenröhrlinge gute Speisepilze (siehe „Schwammerl-Genußregeln“).

Verwendung in der Pilzküche: Der Flockenstielige Hexenröhrling wird beim Kochen schwarz. Dies schmälert jedoch nicht seinen Wohlgeschmack und macht ihn für manche Speisen besonders geeignet (Pilzstrudel mit Kürbis, Bunte Paprikaschiffchen mit Pilzen, Risotto), für manche jedoch eher ungeeignet (Pilzsauce), da viele Speisen mit schwarzen Pilzen unappetitlich aussehen. Der Flockenstielige Hexenröhrling läßt sich auch gut trocknen.

Lieblingsrezepte

PILZGULASCH

500 g gemischte Pilze (Eierschwammerln, Flockenstielige Hexenröhrlinge) • 1 mittelgroße Zwiebel • 1 EL Mehl • 250 ml Sauerrahm • Öl • Salz • weißer Pfeffer • 3 EL Paprika, edelsüß

Die Zwiebel fein hacken und im heißen Öl leicht anbräunen, mit dem Paprikapulver bestreuen und dieses etwas mitrösten. Dann wird mit etwas Wasser aufgegossen, nun werden die blättrig geschnittenen Pilze beigefügt, die 15 Minuten weich gedünstet werden. Danach wird das Mehl klumpenfrei mit dem Sauerrahm vermischt und die Mischung ins Gulasch eingerührt. Nun sollte alles nochmals 10 Minuten köcheln und das Gulasch mit Salz und Pfeffer abgeschmeckt werden. Es können auch noch feingehackte Kräuter wie Estragon oder Petersilie beigefügt werden. Als Beilage eignen sich Serviettenknödel oder Spätzle.

KÜRBIS-PILZSTRUDEL MIT FLOCKENSTIELIGEM HEXENRÖHRLING (ergibt 20 Stück)

750 g Blätterteig, am besten selbstgemacht oder vom Bäcker • 30 g Butter • 300 g Kürbis (am besten eine Sorte mit leuchtend orangem Fleisch) • reichlich Olivenöl • 400 g Flockenstielige Hexenröhrlinge oder gemischt mit Birkenpilzen, Maronenröhrlingen und Steinpilzen • 1 große Stange Porree (Lauch) • Kürbiskerne zum Bestreuen • 1 Ei zum Bestreichen • 4 gequetschte Wacholderbeeren • Salz und Pfeffer

Die fertigen Strudelteigstücke werden auf einem Tuch ausgerollt bzw. der selbstgemachte Teig in zwei Hälften geteilt und auf einem bemehlten Tuch ebenso ausgerollt. Dann werden der Porree in 1 cm breite Scheiben und der Kürbis in mundgerechte Stückchen geschnitten und im heißen Olivenöl angebraten. Anschließend wird gesalzen und gepfeffert und die geputzten, in Stückchen oder Scheiben geschnittenen Pilze sowie die Wacholderbeeren beigefügt. Die Mischung sollte etwa 15 Minuten dünsten, danach wird sie zum Abkühlen weggestellt. Erst in völlig ausgekühltem Zustand wird nun die gut abgetropfte Kürbis-Pilz-Fülle in die Blätterteigstücke gefüllt (wäre die Fülle warm, so würde der Blätterteig zu weich werden!). Dabei wird die Fülle als Streifen in der Mitte der Strudelteigstücke verteilt und die beiden seitlichen Teigstreifen gut überlappend übereinandergeklappt. Dann wird der Strudel mit Hilfe des Tuches, auf dem er liegt, mit Schwung auf ein befettetes Backblech gelegt, und zwar so, daß die „Nahtstelle" unterhalb zu liegen kommt. Nun wird der Strudel mit dem verquirtlen Ei bestrichen und mit den Kürbiskernen bestreut, dann wird er im vorgeheizten Backrohr bei 170° C ca. 50 Minuten goldbraun gebacken.

Der fertig gebackene Kürbis-Pilz-Strudel wird mit einem Messer, das Wellenschliff hat, in 10 Stücke geschnitten und warm zu Eichblatt- oder Lollorosso-Salat, aber auch Vogerlsalat serviert.

BUNTE PAPRIKASCHIFFCHEN MIT PILZEN

8 Schiffchen aus Mürbteig • 250 g Topfen (20 % Fett) • 5 EL kaltgepreßtes Sonnenblumenöl • 1 EL frisch gehackter Rosmarin oder gemischte Wildkräuter • 1 roter, 1 gelber und 1 grüner Paprika • 1 Knoblauchzehe, feingehackt • 4 Flockenstielige Hexenröhrlinge • reichlich Olivenöl zum Braten • Salz und Pfeffer

Aus dem Topfen, dem Sonnenblumenöl und dem Rosmarin wird eine Topfencreme zubereitet, nach Geschmack gesalzen und die Mürbteigschiffchen damit gefüllt. Nun werden Pilze und Paprika in mundgerechte Stücke geteilt und getrennt voneinander – erst die Paprika mit dem Knoblauch, dann die Pilze mit Salz und Pfeffer – in reichlich Olivenöl bei geschlossenem Deckel bißfest gebraten. Dabei öfters umrühren! Dies dauert beim Paprika etwa 10 Minuten, die Pilze sollten zumindest 15 Minuten gegart werden. Dann werden die Paprikastückchen vorsichtig mit den Pilzen gemischt und auf den Schiffchen verteilt.

Diese Schiffchen eignen sich sehr gut für Vorspeisen und Buffets, da sie schon einige Stunden vorher zubereitet werden können.

EICHENROTKAPPE *(Leccinum quercinum)*, ESPENROTKAPPE *(Leccinum aurantiacum)*, HEIDEROTKAPPE *(Leccinum testaceoscabrun)*

Botanische Merkmale: Die Rotkappe ist mit dem Birkenpilz verwandt, sie gehören beiden zu den Rauhfußröhrlingen. Ihr Hut ist erst kugelig, am Stiel dicht anliegend, später halbkugelig mit welligem Rand, seine Farbe ist ockerbraun bis orangerot, sein Durchmesser bis 25 cm. An der Hutunterseite sind Röhren, die zunächst fast weiß, dann weißlichgrau sind. Zwischen dem Stiel und den Röhren an der Unterseite ist ein scharfer Graben. Der Stiel wird mit zunehemendem Alter schlank und bis 20 cm hoch. Er ist weißlich und von schwärzlich-grauen, punktartigen Schuppen bedeckt. Auf Druck reagiert er mit grünblauer-schwärzlicher Verfärbung. Wird der Pilz auseinandergeschnitten, verfärbt sich das erst weiße Fleisch stark graublau-grauviolett.

Eichenrotkappe (links), Espenrotkappe (rechts) mit typischen weißlich-grauen Stielen, die von schwarzen Schuppen bedeckt sind

Standort: Eichenrotkappen kommen nur unter Eichen (*Quercus* sp.), Espenrotkappen nur unter Zitterpappeln (*Populus tremulus*), die Heiderotkappe ausschließlich unter Birken (*Betulus* sp.) vor.

Sammeltips: Verwechselbar sind Rotkappen wie auch Birkenpilze sehr schwer, da beide den charakteristischen, weißlichen Stiel mit den schwarzen Schuppen haben.

Eine außergewöhnliche, aber mögliche Verwechslung könnte mit dem *Satanspilz* (Beschreibung siehe Sommersteinpilz) und dem *Gallenröhrling* (Beschreibung ebenda) passieren. Beide haben einen völlig anders gezeichneten Stiel!

Auch der ungenießbare, brennend-pfefferige *Pfefferröhrling* hat ebenfalls einen Stiel ohne Schuppen, der ebenso gelblich-braun ist wie der Hut. Er kann getrocknet als Würzpilz verwendet werden, verliert durch den Trocknungsprozeß aber beträchtlich an Schärfe.

Verwendung in der Pilzküche: Rotkappen sind ausgezeichnete Speisepilze. Sie eignen sich für verschiedenste Pilzgerichte, besonders in Scheiben geschnitten und gebraten oder mit Knoblauch in Butter gedünstet, aber auch für Suppen und Saucen. Wundern Sie sich nicht, wenn der Pilz nach dem Kochen fast

Semmelstoppelpilz mit charakteristischen Stoppeln an der Hutunterseite

schwarz ist, das tut seinem Wohlgeschmack keinen Abbruch. Rotkappen können roh eingefroren werden, sie lassen sich auch einlegen, wenn man sich nicht an ihrer Grauverfärbung stößt.

Da die Rotkappen recht feucht und im Aroma intensiv sind, würde ich sie nicht trocknen.

Lieblingsrezepte

GEBACKENE ROTKAPPEN

8 mittelgroße Rotkappen • 3 Eier, verquirlt und mit Salz und Pfeffer gewürzt • Mehl und Semmelbrösel zum Panieren • Sonnenblumenöl zum Ausbacken.
Sauce tatare: *250 ml Sauerrahm • 250 ml Naturjoghurt • 5 Essiggurken • Kapern nach Geschmack • Salz*

Die Hüte der geputzten Pilze werden von den Stielen getrennt, die Stiele der Länge nach halbiert, die Röhren an den Hüten entfernt und die Hüte in Längsstreifen von 1 cm geschnitten. Man wendet die Pilzstücke zuerst im Mehl, dann im Ei und schließlich in den Semmelbröseln. Währenddessen wird das Öl in einer Pfanne erhitzt, die panierten Pilzstücke ins heiße Öl eingelegt und auf beiden Seiten goldbraun gebacken.

Für die Sauce tatare werden die oben genannten Zutaten gut miteinander verrührt und abgeschmeckt. Servieren Sie die gebackenen Pilze auf einem „Kräuterbett" mit der Sauce Tatare und Salzkartoffeln.

SEMMELSTOPPELPILZ
(Hydnum repandum)

Botanische Merkmale: Der Hut des Semmelstoppelpilzes ist bis zu 12 cm groß, unregelmäßig, dickfleischig und gewölbt mit eingerolltem Rand. Das Fleisch ist weißlich-gelblich und recht fest, dennoch ist besonders der Hutrand spröde und bricht beim Abpflücken leicht. An seiner Unterseite sitzen weiche Stacheln, die aussehen wie unzählige, winzige Stalagtiten. Der Stiel ist gedrungen, dicklich und wird zur Basis hin schmäler, meist ist er weißlicher als der Hut und festfleischig. Der Semmelstoppelpilz riecht fein frisch und würzig nach Wald.

Er kommt in zwei Arten vor, die sich durch die Farbe des Hutes unterscheiden: Die eine ist hellgelb, die andere gelblich-rosa.

Standort: Der genannte Pilz ist häufig in Nadelwäldern im Jung- und Hochwald zu finden, er kommt aber auch in Laubmischwäldern unter Buchen und Eichen vor.

Sammeltips: Semmelstoppelpilze kommen meist in größeren Gruppen vor, manchmal sind die einzelnen Exemplare auch miteinander verwachsen.

Diesen Pilz zu sammeln, lohnt sich in mehrfacher Hinsicht: Er hat keinen giftigen Doppelgänger. Der einzige ähnliche Pilz ist der *Schwefelporling*, der auf Holz (!) wächst. Dieser hat als Unterscheidungsmerkmal immer ziegelförmig übereinander wachsende rötlich-gelbe Hüte, die so ineinander verwachsen sind, daß man die Unterseite, die von Poren (= weißen Röhren) bewachsen ist, erst sieht, wenn man sie zerpflückt hat. Der Pilz färbt sich beim Kochen rosarot. Semmelstoppelpilze sind wegen ihres festen Fleisches gut lagerfähig und halten sich mehrere Tage, sie eignen sich zum Trocknen und ergeben dann einen hervorragenden Würzpilz. Des weiteren sind sie selten von Maden befallen.

Verwendung in der Pilzküche: Semmelstoppelpilze sind Würzpilze, die sehr intensiv schmecken und immer in Mischpilzgerichten zum Würzen und Strekken derselben verwendet werden. Hierfür reichen 2–3 ganz junge Exemplare, da sie sehr scharf sind. Junge Pilze lassen sich im Ganzen verarbeiten, bei Älteren sollten die Stacheln entfernt werden, da diese mitunter den bitteren Geschmack verstärken. Grundsätzlich sollte dieser Pilz abgekocht werden, um dem Fleisch jegliche Bitterkeit zu nehmen.

Um zu verhindern, daß die vom Pilz abgebrochenen Stacheln in einem Pilzgericht herumschwimmen und wie kleine Würmer aussehen, ist es empfehlenswert, für Gerichte, bei denen die Pilze nicht in einer Masse verarbeitet werden, auf alle Fälle die Stacheln aller Exemplare zu entfernen!

Pilzliebhaber schätzen auch ein Gericht aus gemischten Pilzen, die mit Zwiebeln in Butter gebraten oder geschmort werden. Im Vergleich zu Eierschwammerln ist das Fleisch fester. Semmelstoppelpilze weisen so gut wie nie Madenbefall auf und müssen nur mir dem Messer etwas abgekratzt werden.

Getrocknet, ergeben sie ein kräftiges Gewürzpulver oder Würzsalz. Sie lassen sich auch hervorragend in Essig einlegen, dann schmecken sie pikant-säuerlich und sind eine pikante Beilage zu Wild- und Geflügelgerichten, aber auch zu Fondue und Käseplatten.

Lieblingsrezepte

SEMMELSTOPPELPILZE IN ESSIG

Die gereinigten Pilze werden in gleich große Stücke geschnitten (die kleinen können im Ganzen belassen werden) und 8 Minuten in Salzwasser gekocht. Dann werden sie abgeseiht. In der Zwischenzeit wird der Essig mit fünf Teilen Wasser aufgekocht, die Pilze werden in das Essigwasser gelegt und weitere 8 Minuten mitgekocht. Noch heiß werden sie in kleine, saubere Gläser mit Schraubverschluß geschichtet und mit dem heißen Essig so übergossen, daß die Pilze zur Gänze davon bedeckt sind.

Die Essigpilze werden kühl und dunkel gelagert und halten sich 1 Jahr.

HABICHTSPILZ

(Sarcodon imbricatus)

Botanische Merkmale: Der Habichtspilz hat eine bräunliche Hutfarbe und unregelmäßige, braune Schuppen auf dem Hut, die eher „fetzenartig" aussehen und dunkler sind als der Hut an sich. Dieser ist manchmal bis zu 20 cm groß. Das Hutfleisch unter den Schuppen ist bräunlich-rosa. Das Fleisch ist weißlich bis grau-bräunlich und verfärbt sich nicht bei Druck oder im Anschnitt. Die Hutunterseite ist von dichten, weichen, spröden Stacheln bewachsen, die beim Pflücken leicht abbrechen. Der Pilz hat einen würzigen Geruch und weißlichgraues Fleisch. Sein Stiel ist zum Hut hin breiter und wird an der Basis keulig, er ist mit maximal 7 cm eher kurz.

Standort: Habichtspilze kommen meist gesellig in Nadelwäldern vor und wachsen unter Kiefern (*Pinus sylvestris*), aber auch in Heidekraut und zwischen Heidelbeersträuchern.

Sammeltips: Dieser Pilz mit seiner an Habichtsgefieder erinnernden Huthaut ist wohl kaum zu verwechseln. Einzig der *Gallenstachling* und der *Strubbelkopf* weisen eine gewisse Ähnlichkeit auf, wobei der erstere sehr selten ist, kleine rot-

Habichtspilze

braune Hutschuppen besitzt und ungenießbar bitter ist. Der *Strubbelkopf* hat einen halbkugeligen Hut mit schwarzen Schuppen, die in regelmäßigen Ringen angeordnet sind; seine Unterseite ist mit Röhren besetzt. Er verfärbt sich bei Druck dunkel, beim Anschneiden wird er rosa, dann dunkel. Auch er schmeckt bitter und ist ungenießbar.

Sammeln Sie nur einige wenige Exemplare vom Habichtspilz, da Sie von diesem würzintensiven Pilz nur eine geringe Menge brauchen! Habichtspilze sind von Juli bis zum Frost zu finden.

Verwendung in der Pilzküche: Habichtspilze sind reine Gewürzpilze, die getrocknet als Gewürzsalz oder Pilzpulver zum Verfeinern von Suppen und Saucen verwendet werden. In Pilzgerichten verarbeitet, genügt ein Habichtspilz, um 500 g andere Pilze zu würzen.

Lieblingsrezepte

SELBSTGEMACHTE PASTA MIT PILZPULVER

Für 450 g Teig: *300 g Weizenmehl • 3 frische Eier • 1 Prise Salz • 15 g getrocknete Steinpilze und 15 g getrocknete Habichtspilze, zu Pulver gemahlen*

Das Mehl wird mit den Eiern auf einer glatten, bemehlten Oberfläche zu einem geschmeidigen Teig (bei Bedarf kann auch etwas Wasser beigefügt werden) verarbeitet und in den fertigen Teig das Pilzpulver eingeknetet.

Nun sollte der fertige Nudelteig 15 Minuten rasten. Dann wird der Teig auf einer bemehlten Arbeitsfläche 30 Minuten zum Trocknen liegen gelassen, anschließend ausgewalkt und in die gewünschte Form geschnitten oder mit dem Teigrad zerteilt und weitere 10 Minuten trocknen gelassen. Die fertigen Nudeln können entweder in kochendem Salzwasser 3–5 Minuten bißfest gekocht und in heißer Butter geschwenkt serviert werden – schneiden Sie zum Beispiel 1cm breite Bandnudeln oder „Fleckerln“ – sie können aber auch fertig getrocknet und bis zum Weiterverbrauch in Gläsern gelagert werden.

BIRKENPILZ
(Leccinum scabrum)

Botanische Merkmale: Birkenpilze gehören wie die Rotkappen zu den Rauhstielröhrlingen. Das beste Erkennungsmerkmal dieser beiden Pilze ist ihr schlanker, schmutzig-weißer Stiel, der dicht mit schwärzlichen Schuppen besetzt ist. Bei manchen Arten verfärbt sich das Fleisch beim Anschnitt, bei anderen dagegen nicht. Bei allen Birkenpilzen ist jedoch der Hut braun, halbkugelig gewölbt und die erst weißlichen, dann grauen Röhren quellen unter dem Hutrand hervor. Auch bei diesem Pilz sind die Röhren stark vom Stiel durch einen Graben abgegrenzt.

Standort: Birkenpilze machen ihrem Namen Ehre und wachsen gerne unter Birken in Mooren (Hochmooren) und Riedlandschaften.

Sammeltips: Es gibt mindestens 8 verschiedene Birkenpilzarten, wovon alle genießbar und bekömmliche Speisepilze sind. Die meisten Birkenpilze verfärben sich beim Anschnitt, für unerfahrene Pilzsammler ist es daher gut, nur jene zu sammeln, die sich verfärben, da dies ein gutes Erkennungsmerkmal ist.

Laien oder unaufmerksame Pilzsammler könnten den Birkenpilz unter Umständen mit dem *Gallenröhrling* (Beschreibung beim Steinpilz) oder mit dem *Pfefferröhrling* (Beschreibung beim Maronenröhrling) verwechseln, beide haben jedoch einen völlig anderen Stiel als der Birkenpilz, dessen weißlicher Stiel mit den schwarzen Schuppen ein Charakteristikum ist.

Verwendung in der Pilzküche: Birkenpilze sind sehr gute Speisepilze. Verwenden Sie die Stiele des Birkenpilzes nur bei ganz jungen Exemplaren mit, denn sie werden rasch holzig und schmecken dann nicht mehr gut, legen Sie sie aber zum Trocknen beiseite! Birkenpilze verfärben sich beim Kochen braun, wen das stört, der muß sie vorher in Zitronenwasser oder Essig blanchieren. Zum Trocknen und Konservieren eignet sich der Birkenpilz nicht gut, da er zäh wird. Lediglich seine Stiele lassen sich trocknen und pulverisiert als Pilzgewürz verwenden. Zum Einlegen können die Kappen des jungen Birkenpilzes gut verwendet werden, besonders für Mischpilze in Öl.

Lieblingsrezepte

BIRKENPILZE, ÜBERBACKEN

150 g Birkenpilze • 1 kleine Zwiebel • 250 ml Süßrahm • 2 Eier • 4 EL Semmelbrösel • Salz • Pfeffer • Muskatnußpulver

Die gehackte Zwiebel wird in der Butter glasig geröstet, dann werden die blättrig geschnittenen Pilze beigefügt, 10 Minuten gut durchgeröstet und zum Abkühlen beiseite gestellt. In der Zwischenzeit werden Rahm, Eier, Brösel und die Gewürze durchgemixt. Die Pilze werden anschließend in eine bebutterte Auflaufform gefüllt, mit dem Eier-Rahm-Gemisch übergossen und etwa 20 Minuten im vorgeheizten Backrohr bei 180° C gebacken. Die überbackenen Pilze werden noch warm in Portionen geschnitten und auf einem Blattsalatbett mit Salzkartoffeln serviert.

Birkenpilze haben einen charakteristisch gezeichneten schmutzig-weißen Stiel mit schwarzen Schuppen

Pilze à la Creme

BIRKENPILZE À LA CREME

500 g Birkenpilze oder gemischt mit Champignons • 125 ml Süßrahm • 125 ml Sauerrahm • 1 mittelgroße Zwiebel • 2 Lorbeerblätter • Majoran, Estragon und Petersilie sowie Salz und Pfeffer nach Geschmack • 3 EL Butter

Die Zwiebel wird in der Butter glasig geröstet, die blättrig geschnittenen Pilze beigefügt und durchgeröstet. Nach etwa 10 Minuten wird mit dem Süßrahm aufgegossen. Dann werden die Lorbeerblätter beigefügt, mit Salz und Pfeffer abgeschmeckt und die Mischung etwa 15 Minuten weich gedünstet. Nun werden der Sauerrahm und die gehackten Kräuter beigemengt und die Birkenpilze à la Creme serviert. Gut dazu paßt Polenta oder Reis!

PARASOL, RIESENSCHIRMLING *(Macrolepiota procera)* SAFRANSCHIRMLING *(Macrolepiota rhacodes)*

Botanische Merkmale: Der Parasol ist der größte heimische Pilz. Sein Hut wird bis zu 30 cm breit, und er erreicht eine stattliche Höhe von 20 cm. Jung und geschlossen sehen die Hüte aus wie Trommelschlegel, später breitet sich der Hut schirmartig aus und ist von sparrigen, hellbraunen, angewachsenen Schuppen geziert. Der Stiel ist weiß, gürtelartig hellbraun gemustert, innen hohl und an der Basis knollig verdickt. Er hat einen weichen, beweglichen Ring. Die Hutunterseite ist von weißen, weichen Lamellen bewachsen, das Fleisch ist weißcremefarben. Unvergleichlich ist auch der zart-süße Duft dieses Pilzes.

Standort: Parasole können ab Juli bis zum Oktober geerntet werden. Es ist immer wieder ein beglückender Augenblick, einen Parasol, der wie ein weißer Sonnenschirm zwischen Gräsern am Waldrand steht oder aus dem Wald herausleuchtet, zu entdecken. Schon wegen seiner Größe verlockt er den Finder jedes Mal aufs neue zu Begeisterungsrufen. Der Pilz kommt auch in Wiesen vor, manchmal findet er sich auch so nahe an Wegen und Siedlungsgebieten, daß man dies nie vermuten würde.

Sammeltips: Der *Safranschirmling* wird etwas kleiner und weniger hoch (15 cm) und sieht aus wie ein kleinerer Parasol. Sein Fleisch verfärbt sich im Anschnitt safrangelb. Er ist wie der Parasol zu verwenden.

Ungeübten Augen könnte eine Verwechslung mit dem giftigen Doppelgänger, dem *Pantherpilz* (Beschreibung beim Perlpilz), passieren, was sich jedoch leicht durch eine Kontrolle der Stielbasis ausschließen läßt: Der *Pantherpilz* hat eine deutlich vom Stiel abgesetzte Knolle. Sein Ring ist überdies am Stiel wie eine Manschette angewachsen und nicht auf- und abschiebbar. Die Pusteln des Pantherpilzes sind weiß, die angewachsenen Schuppen vom Parasol und Safranschirmling braun!

Zur selben Familie, der Parasol und Safranschirmling angehören, zählen auch einige kleine Pilze, die giftig sind: der *Fleischrote* und der *Bräunliche Schirmpilz*. Sie sind allerdings mit 6 cm Hutdurchmesser und Höhe wesentlich kleiner.

Mit den *Knollenblätterpilzen*, besonders dem *Grünen Knollenblätterpilz*, ist der Parasol nur zu verwechseln, wenn man alle Bestimmungskriterien außer acht läßt: Dieser hat weder Schuppen am Hut noch einen beweglichen Ring. Und er hat eine separate Hülle um die knollige Stielbasis. Dennoch sind schon öfters solche tödlichen Verwechslungen vorgekommen!

VORSICHT! Bei Schirmpilzen, die auf Komposthaufen wachsen, kann es sich um den giftigen „Gift-Riesenschirmling", der viel draller, fleischiger und dicker als der Parasol ist, handeln.

Verwendung in der Pilzküche: Der Parasol gilt als einer der besten Speisepilze. Klassisch wird der schon aufgebreitete Schirm wie ein Wienerschnitzel paniert und herausgebacken, aber noch besser – weil die Lamellen sehr viel Öl aufsaugen – schmeckt er meiner Meinung nach nur mit Ei übergossen und in Butter gebraten. Wenn er noch kugelig geschlossen ist, läßt er sich auch in Palatschinkenteig tauchen und herausbacken. Die halbgeöffneten Hüte können mit Fleisch, Gemüse oder Getreide gefüllt werden. Der Stiel wird nicht verarbeitet, lediglich der Hut und der Ring am Stiel. Der Parasol eignet sich auch zum Trocknen und ergibt fein gemahlen ein zart-nussig-aromatisches Würzpulver. Zum Einlegen oder Tiefkühlen ist er hingegen nicht geeignet. Genießen Sie ihn am besten frisch! Dieser zartfleischige Pilz sollte vor der Verarbeitung keinesfalls gewaschen werden.

Sich gerade öffnender Parasol

Beim Safranschirmling verfärben sich die Schnittstellen orange

Lieblingsrezepte

Parasol in Kräuterei

4 Parasolhüte • etwas Mehl zum Wenden • 2 Eier • etwas Butter und Speiseöl • Salz und gehackte Kräuter nach Geschmack • gut passen Petersilie (Giersch), Liebstöckel (Bärenklau), Thymian und Oregano sowie Estragon (Schafgarbe)

Die Eier werden verquirlt, gesalzen und mit den feingehackten Kräutern vermischt. Die Parasolhüte werden von den Stielen getrennt, geviertelt, erst im Mehl, dann im Ei gewendet und im erhitzen Butter-Öl-Gemisch mit der Oberseite nach unten goldbraun gebraten. Anschließend werden die Pilzstücke gewendet und mit dem restlichen verquirlten Ei begossen, so daß die Lamellen schön damit bedeckt sind. Nun wird ein Deckel daraufgegeben und das Ei bei kleiner Hitze erstarren und bräunen gelassen. Dann können die knusprigen Pilzstücke mit ein paar Scheiben Weißbrot serviert werden.

Fritierte Hüte von Parasol, Schopftintling und Champignon

6 kleine, noch fest geschlossene Hüte vom Parasol • 8 kleine, geschlossene Schopftintlinghüte • 16 knackige Champignons • 2 Eier • reichlich Semmelbrösel zum Panieren • 5 EL feingehackte, gemischte Wildkräuter (Wegerich, Schafgarbe, Giersch, Gundelrebe) oder Gartenkräuter (Salbei, Basilikum, Estragon) • Salz • Pfeffer • reichlich Olivenöl zum Fritieren

Die geputzten Pilzhüte werden im gewürzten, verquirlten, mit den gehackten Kräutern vermischten Ei gewendet und anschließend in den Bröseln gewälzt. Dann werden sie in heißem Olivenöl goldbraun fritiert und noch heiß mit Blattsalat serviert. Es ist wichtig, die Pilze sofort zu servieren, da sie ansonsten sehr an Geschmack einbüßen! Gut dazu passen Wildfruchtchutneys bzw. pikante Preiselbeermarmelade.

WIESENCHAMPIGNON

Wiesenegerling (Agaricus campestris)

Botanische Merkmale: Der Hut des Wiesenchampignons ist erst kugelig, dann flach gewölbt und kann bis zu 15 cm Durchmesser erreichen. Zuerst ist seine Farbe weiß, später wird sie leicht bräunlich. An seiner Unterseite sitzen rosarote Lamellen, die bei ausgewachsenen Exemplaren fleischrosa-braun, dann braun und zum Schluß braun-schwarz sind. Jedenfalls sind sie niemals rein weiß wie beim Weißen Knollenblätterpilz! Sein 10 cm hoher, weißer Stiel hat einen angewachsenen Ring und ist zylindrisch rund, ohne Verdickung an der Basis und ohne Scheide. Das Fleisch des Wiesenchampignons ist weiß und verfärbt sich bei Druck oder im Anschnitt rosa.

Standort: Wiesenchampignons sind in größeren Gruppen vom Sommer bis zum Herbst meist auf Wiesen, Weiden und am Rande von Feldwegen zu finden. Sie wachsen häufig in Hexenringen, auch das Gras ist an jenen Stellen höher und dunkelgrüner.

Sammeltips: Wildwachsende Champignons sehen nicht aus wie die Zuchtformen! Sie haben beispielsweise einen Ring am Stiel, ihr Fleisch verfärbt sich leicht u.s.w. Da viele Pilzsammler aber gerade bei Champignons glauben, sie sicher zu erkennen, da sie ja auch jene vom Supermarkt kennen, sind beim Sammeln Verwechsungen mit Giftpilzen relativ häufig.

Ein sicheres Erkennen ist aber gar nicht schwer, wenn man auf die oben angeführten Merkmale achtet! Sehen Sie sich immer die ausgewachsenen Exemplare an, bei diesen sind die Merkmale deutlicher ausgeprägt!

Der ebenfalls eßbare *Anisegerling* sieht dem Wiesenchampignon zum verwechseln ähnlich, ist aber eher gelblich und verfärbt sich auch gelblich, statt rosa. Er duftet fein nach Anis.

Gefährliche Verwechslungsmöglichkeiten bestehen hingegen mit dem *Weißen Knollenblätterpilz*, dem *Riesenrötling* und dem *Karbolegerling*. Der *Weiße Knollenblätterpilz* trägt wie der Wiesenchampignon eine Manschette (Ring) am Stiel, seine Stielbasis ist zur Knolle verdickt und steht noch zusätzlich in einer weißen Scheide, die wie eine Eierschale aussieht. Das beste Unterscheidungsmerkmal sind jedoch die weißen Lamellen, die immer weiß sind und sich nicht verfärben! Der *Riesenrötling* hat keinen Ring am Stiel, die Lamellen sind erst weißlich, dann rosa. Er riecht nach Mehl und ist sehr giftig! Der *Karbolegerling* hat einen weißlich-gelben Hut, der manchmal mit bräunlich-schwärzlichen Schuppen bedeckt

Frisch gepflückte Wiesenchampignons (das Fleisch färbt sich leicht rosa)

ist. Er verfärbt sich im Anschnitt stark chromgelb, auch am Stiel, und stinkt nach Tinte und Karbol. Besonders an der Stielbasis verfärbt er sich beim Reiben sofort chromgelb!

Verwendung in der Pilzküche: Von allen Pilzen sind wohl die Champignons am besten bekannt, da sie als Zuchtpilze weit verbreitet und in jedem Supermarkt zu finden sind. Sie können sowohl roh als auch blanchiert in Salaten, ebenso auch in jeder nur erdenklichen Weise gekocht, gebraten, gedünstet oder ausgebacken werden. Als eingelegter Pilz in Öl oder Essig sowie als Duxelles ergeben Champignons eine herrlich aromatische Beilage zu Fleisch, Geflügel und Käsegerichten.

Einzig zum Trocknen sind sie nicht geeignet.

Wiesenchampignons sind wie ihre Kulturverwandten hervorragende Speisepilze, die sich durch ein fein-nußiges Aroma auszeichnen. Bei älteren Exemplaren sollten die Stiele, die gerne von Maden zersetzt werden, entfernt werden.

Lieblingsrezepte

WIESENCHAMPIGNON-SALAT

500 g Wiesenchampignons • verschiedene Blattsalate und/oder Vogerlsalat nach Belieben • Balsamico-Essig • Sonnenblumenöl • 15 Walnüsse • feingehackte Petersilie oder Wildkräuter (Sauerampfer, Schafgarbe) • Salz nach Geschmack

Die 1 cm dick geschnittenen Pilze werden in etwas Salzwasser 5 Minuten gekocht, abgeseiht und zum Abtropfen beiseite gestellt. Sie werden im Anschluß in einer Schüssel mit Essig, Öl sowie den Gewürzen und Kräutern gemischt. Aus dem gewaschenen Blattsalat werden auf den Portionstellern „Nestchen" gelegt, in welche nun die gewürzten Pilze gefüllt werden. Bestreut wird der Salat obenauf mit der restlichen Petersilie und Walnüßstückchen.

Sehr gut passen dazu auch Zwiebelringe, die einige Stunden zuvor in Balsamico-Essig gelegt wurden.

Wiesenchampignon-Salat

Champignonsauce im Reisbett

500 g Wiesenchampignons • 1 große Zwiebel • 125 ml Süßrahm • 125 ml Sauerrahm • etwas Speiseöl und Mehl • Salz • Pfeffer • persische Currymischung • 4 Portionen Naturreis, mit 6 Knospen Kardamom und 6 Gewürznelken gekocht

Die feingeschnittene Zwiebel wird in einer Gußeisenpfanne im heißen Öl angeröstet und die blättrig geschnittenen Champignons beigefügt. Dann schließt man den Deckel und reduziert die Hitze, so daß die Pilze im eigenen Saft einige Minuten dünsten können, bevor mit dem Süßrahm aufgegossen wird. Nun werden das Currypulver, Salz und Pfeffer beigefügt und alles nochmals 10 Minuten dünsten gelassen. Danach wird mit einigen Eßlöffeln Mehl gestaubt, nach Bedarf etwas Wasser beigefügt und die Champignonsauce noch weitere 5 Minuten gedünstet.

Der heiße Reis wird in kleine Portionsförmchen gefüllt, die in der Mitte eine Vertiefung haben (kleine Gugelhupfformen), und anschließend auf Portionsteller gestürzt.

In die Vertiefung der Reishügel kann nun die Pilzsauce gefüllt werden.

Butter-Champignons mit süss-scharfen Kardamom und Koriander

350 g Wiesenchampignons • 4 EL Butter • 1 Knoblauchzehe • 3 EL zerstoßener Koriander • 1 TL Kardamompulver

Die Champignons werden der Länge nach in drei Teile geschnitten oder geviertelt und in der heißen Butter goldbraun angebraten. Dabei sollte man eifrig umrühren, damit die Pilze nicht anbrennen! Nun werden die Knoblauchstückchen 1 Minute mitgebraten, mit dem Koriander, dem Kardamom, Salz und Pfeffer gewürzt und die Pilze sofort zu Braten oder Geflügel serviert.

Für dieses Rezept sind auch Herbsttrompeten, Steinpilze und Eierschwammerln geeignet.

GLASIERTE CHAMPIGNONS

1 kg junge Wiesenchampignons (auch gemischt mit Zuchtchampignons) • 60 g Butter • 30 g brauner Zucker (Rohrzucker) • Salz • Pfeffer. Dieses Rezept eignet sich auch für junge Steinpilze, Braunkappen und Eierschwammerln!

Die Pilze werden geputzt, bei mittlerer Hitze in der Butter und dem Zucker so lange gedünstet, bis die dabei entstandene Kochflüssigkeit verdampft ist. Dann werden sie mit Salz und Pfeffer abgeschmeckt. Interessante Geschmacksvarianten ergeben sich auch durch das Würzen mit Pilzpulver oder Pilzgewürzsalz.

Glasierte Champignons werden warm oder kalt zu Braten oder Geflügel, aber auch zu Fleisch- oder Käsefondue serviert.

WIESENCHAMPIGNONS MIT TOMATEN

500 g Wiesenchampignons • 500 g Tomaten • 1 Stengel Minze und Liebstöckel • 1 Lorbeerblatt • 1 mittlere Zwiebel • 2 Knoblauchzehen • 1 EL Tomatenmark • Olivenöl • Salz und Pfeffer • je nach Geschmack 1 gehacktes Sardellenfilet

Die Kräuter, die gehackte Zwiebel und der geschnittene Knoblauch werden im Olivenöl angebraten, dann werden die blättrig geschnittenen Pilze beigefügt und alles etwa 10 Minuten gedünstet. Nun werden die geschnittenen und vom grünen Stielansatz befreiten Tomaten sowie das Tomatenmark hinzugegeben und alles auf kleiner Flamme 20 Minuten gedünstet. Die Sauce wird mit Salz und Pfeffer abgeschmeckt und zu Nudeln oder Reis serviert.

HERBST (September – Oktober)

Jetzt ist der Höhepunkt der Pilzsaison erreicht. Selbst nach besonders heißen Sommern sorgt die zunehmende Nachttaubildung für erhöhte Feuchtigkeit im Boden und läßt die Pilze nun wirklich „aus dem Boden schießen". In dieser Jahreszeit braucht nicht gesucht, sondern kann entdeckt und gesammelt werden, denn zu keiner Jahreszeit gibt es so viele Arten an Pilzen zu finden. Stellvertretend für die vielen eß- und genießbaren Pilzsorten des Herbstes möchte ich hier die bei uns beliebtesten beschreiben: Den wegen seines Massenauftretens besonders ergiebigen Zigeuner und die aromatische, wegen ihrer schwarzgrauen Farbe besonders exotisch anmutende Herbsttrompete. Auch der beliebte Hallimasch tritt im Herbst in Massen auf, an alten, moosigen Baumstrünken wachsend, sieht er sehr malerisch aus. Natürlich sind auch noch alle Sommerpilze zu finden, die mehr oder weniger dicht den Wald- und Wiesenboden bevölkern.

Herbstlich gefärbte Laubwälder locken den Pilzsammler

ZIGEUNER (Reifpilz)
(Rozites caperata)

Botanische Merkmale: Der Zigeuner gehört zu den Schleierlingen, hat einen bis zu 12 cm breiten semmelbraunen Hut, der anfangs halbkugelig, dann gewölbt und runzelig wird. Junge Pilze sind wie mit blaßlila Rauhreif überzogen, bei feuchtem Wetter wird dieses Merkmal jedoch bald abgewaschen. Die Lamellen sind bei jungen Exemplaren lehmfarben, bei alten rotbraun. Der Stiel ist weißlich-faserig und hat einen häutigen Ring. Sein Fleisch ist gelblich-weiß, unter der abziehbaren, glitschigen Huthaut etwas dunkler und von mildem Geschmack.

Standort: Der Zigeuner gedeiht vorzugsweise in sauren Nadelwäldern, vor allem zwischen Heidelbeersträuchern, wo er gesellig wächst.

Sammeltips: Dieser Pilz kann mit anderen Schleierlingen kaum verwechselt werden, da diese immer nur ringartig angewachsene Schleierreste am Stiel haben, der Zigeuner hat jedoch einen Ring am Stiel.

Zigeuner

Auch der Reifpilz speichert leider in beträchtlichen Mengen Cäsium, daher sollte er wie der Maronenröhrling nur maximal zweimal pro Saison verzehrt werden.

Verwendung in der Pilzküche: Der Reifpilz ist einer der besten und ergiebigsten Pilze unserer Wälder. Er läßt sich zu Pilzgulasch und Pilzsuppe verarbeiten, aber auch panieren und braten wie ein Wienerschnitzel.

Lieblingsrezepte

HERBSTLICHER SALAT VON GEMISCHTEN PILZEN

1 kg gemischte Herbstpilze (Steinpilze, Zigeuner, Herbsttrompeten, Hallimasche, Austernseitlinge) • 8 EL Olivenöl • 1 Zwiebel • 1 Knoblauchzehe • 1 Chilischote • 1 Karotte • 1 Bund Petersilie • Salz • etwas Kürbiskernöl und Apfelessig

Die geputzten Pilze werden in gleichmäßig dicke Scheiben geschnitten und in Salzwasser bißfest blanchiert. Dann werden sie abgeseiht und beiseite gestellt. Die in feine Scheiben geschnittene Zwiebel wird mit dem feingehackten Knoblauch, der feingeraspelten Karotte und der geschnittenen Chilischote im heißen Öl angebraten, jedoch nicht gebräunt. Dann werden die Pilze beigefügt und bei höherer Temperatur etwa 10 Minuten gar gebraten. Nun wird die gehackte Petersilie beigefügt, die Mischung mit dem Essig sowie dem Kernöl abgeschmeckt und nach Geschmack gesalzen. Der Pilzsalat kann warm oder kalt mit Bauernbrot oder als Beilage zu Wildbraten bzw. Geflügel serviert werden.

HERBSTTROMPETE
(Craterellus cornucopioides)

Botanische Merkmale: Der braunschwarze Pilz ähnelt in seiner Form dem Eierschwammerl, das auch trompetig aussieht und einen trichterförmigen, unregelmäßig gelappten, welligen Rand hat, der bis zu 10 cm breit wird. In getrocknetem Zustand sieht der Pilz dunkelgrau aus. Im Unterschied zum Eierschwammerl ist der Stiel innen bis zum Grund hohl und ohne Leisten. Er ist auch viel dünnwandiger. Die Herbsttrompete zeichnet sich durch einen leichten, würzigen Pilzduft aus.

Standort: Herbsttrompeten wachsen dichtbüschelig zwischen altem Laub, besonders unter Kiefern und Buchen und sind ab September zu finden. Anfangs ist es etwas schwierig, die dunklen Pilze zwischen all den bunten Blättern zu erkennen, aber wenn der Blick einmal geschärft ist, finden Sie am richtigen Standort einen neben dem anderen.

Sammeltips: Richten Sie große Sorgfalt auf das Reinigen der frisch gesammelten Pilze, bevor Sie sie in den Sammelkorb legen, da kleine Tiere bis zum Stengelgrund klettern und auch Erde und Nadeln bis dahin vordringen. Große Pilze können der Länge nach halbiert werden, um sie leichter zu reinigen. Alte und junge Pilze lassen sich leicht voneinander unterscheiden: Die alten sind bei weitem nicht so elastisch, brechen leicht und sind auch oft schwammig und naß. Sammeln Sie daher lieber die jungen Exemplare.

Herbsttrompeten sollten keinesfalls gewaschen werden, damit sie ihr zartes Aroma nicht verlieren!

Verwendung in der Pilzküche: Mit ihrer spektakulären, braunschwarzen Farbe und dem delikaten Geschmack ist die Herbsttrompete eine extravagante und aromatische Zutat zu allen Pilzgerichten, Brötchen und Buffets. Den schönsten Namen hat dieser aromatische Pilz im Englischen, wo er „Horn of Plenty" (Füllhorn) genannt wird. Seine schwarze Farbe macht ihn sehr interessant für die Kombination mit orangerotem Kürbis, buntem Paprika und gelben Eierschwammerln. Der angenehme Duft und das Aroma der Herbsttrompeten sind im Vergleich zum pfeffrigen Eierschwammerl eher zart-feinwürzig. Sie eignen sich sowohl zur Herstellung von Saucen und Füllungen für Strudel und Teigschüsseln als auch als Suppeneinlage und eingelegt als Essigpilz oder süß-sauer als Beigabe zu Antipasti-Tellern oder Brötchen. Köstlich schmecken Herbsttrompeten, wenn man sie in Butter und Schnittlauch dünstet. Eine ganz besondere Kreation ist das Herbsttrompeten-Birnen-Kompott, das sehr gut zu Wildgerichten und kaltem Geflügel paßt.

Eingefroren werden Herbsttrompeten am besten, wenn sie zuvor in Butter gedünstet wurden. Allerdings lassen sie sich einfach trocknen und wieder einweichen, wobei sie sogar an Aroma gewinnen, so daß mir das Konservieren durch Einfrieren in diesem Fall überflüssig erscheint.

Herbsttrompeten sind exotisch anmutende Pilze

Lieblingsrezepte

HERBSTTROMPETEN, SÜSS-SAUER EINGELEGT

250 g Herbsttrompeten, frisch oder getrocknet und über Nacht eingeweicht • 200 ml Wasser oder Einweichwasser der Pilze • 40 ml Apfelessig • 60 g Honig • etwas Salz • 1 Zweig Rosmarin • 1 TL Koriander • 1 TL Kardamompulver • 10 Gewürznelken • 2 süße Birnen

Alle Zutaten mit Ausnahme der Birnen werden 30 Minuten leicht gekocht, dann werden die in Spalten geschnittenen, vom Kerngehäuse befreiten Birnen je nach Festigkeit ca. 3 Minuten mitgekocht und anschließend wieder entnommen. Die Pilzmischung – ohne die Birnen – wird nun heiß in Gläser gefüllt, mit der Flüssigkeit übergossen und einige Tage, zumindest aber über Nacht, ziehen gelassen, bevor man sie verzehrt.

Süß-sauer eingelegte Herbsttrompeten passen hervorragend auf einen gemischten Antipasti-Teller mit frischem Weißbrot, auf exquisite Brötchen mit Camembert, aber auch auf Salatteller.

HERBSTTROMPETEN-SCHIFFCHEN (ergibt 8 Schiffchen)

8 Mürbteigschiffchen • 300 g frische Herbsttrompeten oder 40 g getrocknete (einige Stunden eingeweicht) • 2–3 Frühlingszwiebeln oder Schalotten • 4 EL Butter • 50 g Schinken, fein geschnitten • 1 EL Mehl • 3 Tropfen Tabasco • Salz • Pfeffer • 1 EL gehackte Petersilie oder Giersch

Die Zwiebeln werden in der Butter angedünstet, bis sie halb gar sind, dann werden der Schinken und die Pilze beigemengt und gebraten, bis die Zwiebeln gar sind. Nun wird das Mehl eingerührt und die Mischung noch zwei Minuten weitergegart. Danach wird unter ständigem Rühren tropfenweise so viel Flüssigkeit (Milch oder das Einweichwasser der Pilze) hinzugefügt, bis eine dickflüssige Mischung entsteht, und mit Salz, Pfeffer und Petersilie gewürzt. Die Pilzmischung wird in die Mürbteigschiffchen gefüllt und diese im vorgeheizten Backrohr bei 190° C 10 Minuten gebacken, bis sie goldbraun sind.

Servieren Sie die Herbsttrompeten-Schiffchen frisch und noch warm aus dem Backrohr.

Brötchen fürs Buffet mit süß-sauer eingelegten Herbsttrompeten und marinierten Eierschwammerln

GELB-SCHWARZE PILZE IN ÖL

250 g Herbsttrompeten, frisch oder getrocknet und über Nacht eingeweicht • 250 g frische Eierschwammerln • 200 ml Weißwein • 200 ml Apfelessig • 60 g Honig • Salz • Koriander • 15 Gewürznelken • 2 EL gehacktes Liebstöckel • 2 EL gehackter Estragon • Olivenöl zum Bedecken der Pilze

Alle Zutaten werden 20 Minuten leicht gekocht, dann werden die Pilze abgeseiht und zum Auskühlen weggestellt. Die abgekühlte, mit reichlich Olivenöl verrührte Pilzmischung wird nun in Gläser gefüllt und anschließend mit Olivenöl übergossen, so daß sie völlig davon bedeckt ist. Die gelb-schwarzen Pilze sollten einige Tage, zumindest aber über Nacht, ziehen, bis sie verzehrt werden.

HERBSTTROMPETEN-REH-TERRINE
(Ergibt eine Terrinenform von 1,5 l Inhalt)

500 g Rehfleisch • 250 g durchwachsenes Bauchfleisch vom Schwein • 200 g Semmeln • 1 dl Milch • 250 g Herbsttrompeten • 1 große Zwiebel • ½ TL Pilzgewürzpulver • 3 TL Salz • etwas Pfeffer • 1 TL Bohnenkraut • 1 TL Oregano oder Dost • 1 EL Petersilie • 2 Eier • 20 Scheiben Spickspeck zum Auslegen der Form • 4 Lorbeerblätter

Die in der Milch eingeweichten Semmeln werden ausgepreßt und fein geschnitten. Dann werden das zweimal durch den Fleischwolf gedrehte Reh- und Schweinefleisch, die Herbsttrompeten (große Exemplare müssen der Länge nach in Streifen gerissen werden), die Eier und die feingehackte Zwiebel gut miteinander vermischt. Nun wird die Masse mit den gehackten Kräutern und den Gewürzen gewürzt. Die Terrinenform wird mit dem Spickspeck ausgelegt, darauf kommen die beiden Lorbeerblätter, und dann wird die Terrinenmasse eingefüllt. Diese wird mit den restlichen Speckscheiben belegt, obenauf werden noch zwei Lorbeerblätter gelegt und die Terrine bei 170° C im vorgeheizten Backrohr im Wasserbad 1 Stunde gebacken. Die nun feste Terrine wird etwas abkühlen gelassen und dann aus der Form gestürzt. Servieren Sie die in Scheiben geschnittene Herbsttrompeten-Rehfleisch-Terrine warm oder kalt. Gut dazu paßt rotes Holunder-, scharfes Preiselbeer- oder Mostbirnenchutney.

HALLIMASCH

(Armillaria ostoyae)

Botanische Merkmale: Der Hallimasch wird im Volksmund auch „Honigtrichterling" genannt, was sich jedoch nicht auf sein Aroma, sondern auf seine Farbe bezieht. Er wächst in dichten Büscheln und bildet ein auffälliges schwarzes Pilzgeflecht. Sein 3–20 cm breiter, blaß honigbraun bis dunkelbrauner Hut ist erst kugelig, dann flach gewölbt und in der Mitte leicht eingesunken. Junge Exemplare haben in der Hutmitte oft einige fasrige Schuppen. Die Lamellen an der Hutunterseite sind erst weiß, dann gelblich, aber niemals schwefelgelb oder grünlich. Junge Pilze haben an der Hutunterseite eine weißliche, gespinstartige Haut, die die Lamellen verbirgt und später zur flockigen, gelb-rotbraunen Manschette am Stiel wird. Der Stiel ist im Verhältnis zum Hut schlank, bis zu 20 cm hoch, erst weiß, dann gelblich und wird schnell holzig. Das Fleisch ist weiß, von leicht bitterem Geschmack und riecht eher unangenehm pilzig. Geruch und Geschmack verbessern sich jedoch deutlich, nachdem es gekocht wurde.

Standort: Der Hallimasch ist ein Baumparasit und befällt vor allem Fichtenbaumstämme. Er wächst büschelig in dichten „Familienverbänden" als Parasit an deren Stämmen und auch in Hexenringen um vergrabenes Holz. Auch auf Buchen, Weiden, Pappeln und Obstbäumen ist er manches Mal zu finden.

Sammeltips: Dieser Pilz ist ein erfolgversprechendes Ziel für Sammler: Er ist ziemlich verbreitet und meist in großen Mengen anzutreffen. Vom Spätsommer bis in den Spätherbst hinein lohnt es sich, nach ihm an alten, morschen Fichtenbaumstrünken Ausschau zu halten. Oft befällt er auch noch lebende Bäume. Mit seinen weißlichen Lamellen unterscheidet er sich eindeutig vom ansonsten ähnlichen *Grünblättrigen Schwefelkopf*, dessen Lamellen schwefelgelb bis grünlich sind.

Auch bestehen Verwechslungsmöglichkeiten mit den tödlich giftigen *Rauhköpfen.*

Es gibt fünf verschiedene Arten des Hallimaschs. Sammeln und verwenden Sie nur jene Sorten, die bei Fichten (*Picea abies*) wachsen!

Verwendung in der Pilzküche: Der Hallimasch ist ein Pilz, der keinesfalls roh genossen werden sollte, da er als leicht giftig gilt und bei empfindlichen Menschen Verdauungsstörungen hervorrufen kann. Pilzfachleute empfehlen daher, den Hallimasch auf alle Fälle vor dem Verzehr in Wasser abzukochen, das Kochwasser wegzuschütten und den Pilz erst dann blättrig zu schneiden und

Der Hallimasch kann auch lebende Bäume befallen

zu kochen oder anders weiterzuverarbeiten. So behandelt, ist er ein bekömmlicher, fester, knackiger Speisepilz, der auch sehr ergiebig ist.

Der Hallimasch paßt hervorragend zu Nudelgerichten, etwa Spaghetti. Vorzüglich schmeckt er auch mit Butter und Knoblauch gebraten, aber auch Eintöpfe und Suppen können mit ihm verfeinert werden. Auch als Mischpilz läßt er sich verwenden. Gut geeignet ist der Hallimasch zum Einlegen in Essig oder Öl, aber auch für Duxelles. Zum Tiefkühlen ist er nicht geeignet. Die holzigen Stiele älterer Exemplare sollten entfernt werden.

Lieblingsrezepte

BLÄTTERTEIGBEUTEL MIT PILZFÜLLUNG

1 kleine Zwiebel • 1 Knoblauchzehe • 4 EL Butter • 50 g Rohschinken • 500 g gemischte Herbstpilze (Hallimasche, Champignons, Schopftintlinge u.a.) • 3 EL Salbeiblätter • 1 EL Petersilie • 1 EL Schafgarbe • etwas Rosmarin • Salz und Pfeffer • 600 g Blätterteig (am besten vom Bäcker) • etwas Mehl • 1 Ei
Für das Salatnest: *3 Handvoll Vogerlsalat • 1 Orange • 1 Frühlingszwiebel • kaltgepreßtes Olivenöl und Balsamico-Essig • etwas Salz*

Die feingehackte Zwiebel und die ausgepreßte Knoblauchzehe werden in der Butter angeröstet, dann werden die Schinkenwürfel und die geputzten, in mundgerechte Stücke geteilten Pilze beigefügt. Diese Mischung sollte etwa 10 Minuten garen, dann wird die Pfanne vom Herd genommen, die Pilzfüllung mit Salz und Pfeffer gewürzt und die feingehackten Kräuter untergemischt. Nun wird der Blätterteig auf einer bemehlten Fläche ausgerollt und in vier Quadrate geteilt, die etwa 20 x 20 cm messen. In die Mitte der Teigstücke wird die Pilzfüllung gestrichen und die vier Ecken der Teigstücke zur Mitte hin so gelegt, daß die Ränder etwa 1 cm überlappen. Die fertigen Beutel werden auf ein bebuttertes Backblech gesetzt, mit dem verquirlten Ei bestrichen und ins Backrohr (220° C) geschoben, wo sie etwa 15 Minuten knusprig-braun gebacken werden.

In der Zwischenzeit wird das Salatbett vorbereitet: Dazu wäscht man den Vogerlsalat und verteilt ihn auf vier Teller, dann wird die geschälte, in Scheiben geschnittene Orange daraufgelegt, mit der feingeschnittenen Frühlingszwiebel bestreut und mit Olivenöl sowie Balsamico-Essig beträufelt. Servieren Sie die warmen Blätterteigbeutel in diesem Salatnest!

LAMM MIT HALLIMASCH

400 g Hallimasche • 400 g Lammfleisch, in feine Streifen geschnitten • 6 EL Olivenöl • 1 Knoblauchzehe • 1 EL Kapernbeeren • Salz und Pfeffer • 250 ml Süßrahm

Die Hallimasche werden 2 Minuten in Salzwasser blanchiert, abgeseiht und das Wasser weggeschüttet. Die Pilze müssen gut abtropfen. In der Zwischenzeit werden die Fleischstreifen in heißem Öl scharf angebraten. Sobald das Fleisch zu bräunen beginnt, werden die anderen Zutaten außer dem Rahm beigefügt und alles wird unter Rühren noch weitere 5 Minuten gebraten. Dann wird mit dem Rahm abgelöscht und mit den Gewürzen abgeschmeckt. Dazu passen Salzkartoffeln, Hirse oder Reis.

Hirschfleisch-Hackbraten in Hallimaschsauce

1 kg fein faschiertes Hackfleisch vom Hirsch (ersatzweise kann auch Rindfleisch verwendet werden) • 150 g altes Weißbrot • 2 EL Liebstöckel • 4 Eier • Salz und Pfeffer • etwas Olivenöl
Für die Sauce: *200 g Hallimasche oder 20 g getrocknete Steinpilze, über Nacht eingeweicht • 1 Zwiebel • 4 EL Olivenöl • 1 Knoblauchzehe • 2 Dosen geschälte Tomaten • 1 Bund Basilikum • Salz und Pfeffer*

Das Hackfleisch wird mit dem geriebenen Brot verknetet, die feingehackten Kräuter, Salz, Pfeffer und die Eier werden ebenfalls eingearbeitet. Nun wird daraus ein großer Laib geformt, das Olivenöl in einer Kasserolle erhitzt und der Laib darin rundum angebraten, bis sich eine schöne Kruste gebildet hat. Dann wird der Hackbraten beiseite gestellt und die Sauce zubereitet.

Dazu werden in einer Pfanne die Zwiebeln im Öl goldgelb angeröstet, der Knoblauch mitgebraten, nun werden die (vorbehandelten) Pilze beigefügt und diese etwa 10 Minuten gedünstet. Dann werden die Tomaten hineingegeben und die Sauce leicht köcheln gelassen. Anschließend wird mit Salz, Pfeffer und Basilikum gewürzt und die Sauce in die Kasserolle (oder Römertopf) zum Hackbraten gegeben. Nun kann der Braten entweder auf dem Herd bei geschlossenem Deckel 1 Stunde bei mittlerer Hitze geschmort oder im Backrohr bei 200° C 1 Stunde gebacken werden. Nach 30 Minuten wird der Deckel entfernt, damit die Sauce eindicken kann. Lassen Sie den Braten vor dem Servieren etwas abkühlen und bereiten Sie dazu Reis, Polenta oder Kräuterkartoffeln.

SPÄTHERBST
(November – Dezember)

Wenn sich im Spätherbst die Temperaturen bereits dem Nullpunkt nähern, finden wir die letzten Pilze in Wald, Wiese und auf Weiden. Für jene von uns ausgewählten Arten ist typisch, daß sie um diese Jahreszeit vorkommen, daß sie bis zum Frost zu finden und zu verwenden sind und daß sie sehr viel Aroma besitzen. Schopftintlinge leuchten uns mit ihren weißen, länglichen Hüten aus dem bunten Herbstlaub entgegen oder zieren ein letztes Mal die saftig-grüne Herbstwiese (siehe Seite 132). Ausgewachsene, schon in schwarze Tinte zerfließende Exemplare stehen neben jungen, knackigen in dekorativen Hexenringen. Wer zu spät kommt, findet manches Mal auch nur noch die kahlen Stiele auf der Wiese. Austernseitlinge bevölkern in Kolonien die alten Buchenstämme, ihnen macht auch der Schnee nichts aus.

Samtfußrübling und Gelbstieliger Muschelseitling schließen den Jahreskreis als typische Winterpilze, die auch einen Ausflug in den verschneiten Winterwald gebührend belohnen und den Bedarf an Frischpilzen auch im Winter dekken.

AUSTERNSEITLING (Austernpilz)
(Pleurotus ostreatus)

Botanische Merkmale: Der Austernseitling ist ein Baumpilz und wächst bevorzugt auf Buchenholz. Sein kurzer Stiel, der sich nicht in der Hutmitte, sondern am Rand des Pilzes befindet (daher auch sein Name „Seitling"), macht seine besondere Form aus. Der Hut sieht so aus wie ein Vordach. Da die Pilze immer in Gruppen übereinander und etwas versetzt umeinander wachsen, sieht der bewachsene Baumstamm wie eine Dachlandschaft mit lauter Erkern in einer Zwergenstadt aus. Die Farbe der 5–15 cm breiten Hüte wechselt in sich von Grau-blau-violett, bei manchen Exemplaren von Ockergelb bis Graubraun. Die Hutunterseite ist mit gummiartigen, erst weißen, dann cremefarbigen Lamellen bewachsen, die weit den kurzen Stiel hinunterwachsen. Der Stiel fällt gar nicht als eigener „Körperteil" auf. Die Gattung der Seitlinge beherbergt keine Giftpilze, doch sind die meisten von ihnen klein und wertlos.

Standort: Von November bis März sind Austernpilze, besonders in milden Wintern, auf abgestorbenen Buchenstämmen zu finden, jedoch kommen sie nicht allzu häufig vor. Es sind typische Winterpilze, die jetzt fruktifizieren.

Sammeltips: Da sich die auf dem Markt angebotenen Exemplare nicht von jenen aus der Wildsammlung unterscheiden, können wir uns einfach die käuflichen Exemplare genau ansehen. Es gibt lediglich zwei verschiedene Farbschattierungen, in welchen der Austernseitling vorkommt: die eine ist grau-bräunlich-violett, die andere hellbraun-gräulich.

Bei der Suche nach Austernpilzen ist es gut, alte Baumstämme oder -strünke schon im Sommer abzusuchen und sie im Kopf zu behalten, aber auch Holzbiegen, die im Wald zurückgelassen wurden, sind gute Fundstellen.

Der ungenießbare *Muschelkrempling* mit seinem zähen Fleisch wächst meist an den Stümpfen von Nadelbäumen. Seine Hutfarbe ist gelb-ocker, die Unterseite ist mit zunächst weißen, dann gelben bis bräunlichen Lamellen bewach-

Spätherbst – die schattigen Stellen sind schon mit Reif überzogen

Der Austernseitling fruktifiziert im Winter

sen, die nicht gummiartig sind, sondern sich leicht abbrechen lassen. Der Pilz hat meist gar keinen Stiel, sondern sitzt direkt mit seinem Hut am Holz.

Verwendung in der Pilzküche: Der Austernpilz ist bei uns der wohl am zweithäufigsten (nach dem Champignon) angebotene Kulturpilz. Er läßt sich sehr leicht im eigenen Garten auf Holzstämmen kultivieren. Geruch und Geschmack des Austernseitlings sind sehr angenehm, in der Qualität ist er zart wie Kalbfleisch, in Deutschland wird er daher „Kalbfleischpilz" genannt. Es sind jedoch nur junge Exemplare zart, ältere werden zäh (was er wieder mit Kalb und Kuh gemeinsam hat). Die Pilze zeichnen sich weniger durch ihr Aroma als vielmehr durch ihre vielfältigen Verwendungsmöglichkeiten aus. Mit Knoblauch in Butter gebraten, ergeben sie eine köstliche Beilage, aber auch paniert, fritiert, in Suppen oder in Rahmsauce, ergeben sie schmackhafte Speisen. Das Einlegen in Öl bringt nur zufriedenstellende Ergebnisse, wenn die Pilze zuvor 12 Stunden in Essigsud gebeizt wurden. Zum Trocknen eignet sich der Austernseitling nicht. Kleinere Exemplare sind grundsätzlich vorzuziehen, da sie weniger zäh und wäßrig sind.

Lieblingsrezepte

AUSTERNPILZ-STRUDEL

Für den Strudelteig: *200 g Mehl • 1 Ei • 2 EL Öl • etwas warmes Wasser • Salz*
Für die Fülle: *200 g Austernseitlinge • 1 kleine Zwiebel • etwas Butter zum Anrösten • Semmelbrösel nach Bedarf (etwa 6 EL) • 40 g sehr weiche Butter • Salz • Pfeffer • Estragon • Salbei*

Für den Strudelteig werden Mehl, Ei und Öl mit etwas Wasser zu einem geschmeidigen Teig verknetet. Die Teigkugel wird mit etwas Öl bestrichen und zugedeckt zum Rasten beiseite gestellt.

Nun werden die streifig geschnittenen Pilze mit den zuvor goldbraun gerösteten Zwiebeln in etwas Butter etwa 10 Minuten angeröstet, die entstandene Kochflüssigkeit wird mit den Semmelbröseln gebunden, dann werden die feingehackten Kräuter beigefügt und mit Salz abgeschmeckt.

Der ausgezogene Strudelteig wird nun mit der weichen Butter bestrichen, dann wird die Pilzfülle darauf verteilt. Auf einer Teigseite sollte ein breiter Rand ohne Fülle übrigbleiben, so kann der Strudel leichter verschlossen werden.

Nun wird der belegte Teig zum Strudel gerollt, das unbelegte Ende weit darübergeschlagen. Das obere und untere Ende wird so eingebogen, daß kein Saft ausrinnen kann. Der Strudel wird auf ein bebuttertes Backblech gelegt. Dann wird er mit reichlich versprudeltem Ei bestrichen und im vorgeheizten Backrohr bei 220° C etwa 40 Minuten goldbraun gebacken. Servieren Sie ihn noch warm als Hauptspeise mit Salat oder zu Wild- und Geflügelgerichten.

AUSTERNPILZ-SOUFFLÉ

6 EL Butter • 1 mittlere Zwiebel • 1 Knoblauchzehe • 80 g Mehl • 1 Prise Backpulver • 50 g getrocknete Steinpilze, in ½ Tasse warmem Wasser eingeweicht • ¼ l Milch • 150 g Austernpilze • 3 Eigelb • 4 Eiweiß • Salz • Pfeffer • Kräuter nach Geschmack

4 EL Butter werden in einem Topf zerlassen und darin die feingehackte Zwiebel und der Knoblauch weichgedünstet. Dann wird das Mehl eingerührt, die fein-

gehackten Steinpilze samt ihrem Einweichwasser beigefügt und gründlich durchgemixt. Nun wird die Milch dazugegeben und gewürzt. In der Zwischenzeit wird das Backrohr auf 180° C vorgeheizt und die in Streifen geschnittenen Austernpilze in der restlichen Butter weich gedünstet und zum Abkühlen beiseite gestellt. Dann werden die verquirlten Eigelbe unter die Soufflémasse gezogen und der steif geschlagenen Eischnee daruntergehoben. Zum Schluß werden die Austernpilze eingerührt und alles in eine bebutterte Auflaufform gefüllt. Das Soufflé wird im vorgeheizten Backrohr ca. 30 Minuten goldbraun gebacken. Es sollte direkt aus dem Ofen kommend serviert werden, wobei es in der Mitte schön weich und außen knusprig sein sollte. Gut dazu paßt ein Salat mit Äpfeln, Walnüssen und Wildkräutern.

GUTE SPEISEPILZE, die in Zusammenhang mit Alkohol besonders behandelt werden müssen

GRAUER FALTENTINTLING
(Coprinus atramentarius)

Der *Graue Faltentintling* ist dem Schopftintling noch der am ähnlichste Tintling, allerdings kann er mit ihm nicht verwechselt werden, wenn man auf die folgenden Merkmale achtet: Der junge, graue Hut ist erst eiförmig, dann glockig. Es gibt keinen Ring am Stiel, und er hat am Hut keine groben, wegstehenden Schuppen, sondern kleine, wegwischbare. Er macht einen kahlen Eindruck und wächst um Baumstümpfe. Der Graue Faltentintling ist nur in Kombination mit dem Genuß von Alkohol giftig, allerdings auch dann, wenn dieser bis zu 3 Tage vorher oder nachher konsumiert wurde bzw. wird.

NETZSTIELIGER HEXENRÖHRLING
(Boletus luridus)

Der *Netzstielige Hexenröhrling* ist dem Flockenstieligen Hexenröhrling (siehe dort) und dem Steinpilz ähnlich. Sein zunächst halbkugeliger, später polsterförmig gewölbter Hut ist feinfilzig und in feuchtem Zustand schmierig. Die Röhren an der Hutunterseite sind erst gelb, später oliv und verfärben sich beim Anschneiden sofort schwarzblau! An den Mündungen der Röhren bei der Hutunterseite sind diese karminrot, bei Berührung oder Druck laufen sie blau an. Der schlanke, bauchige Stiel hat eine knollige Basis. Der orangegelbe Grund ist dicht mit feinen, kaminroten Flöckchen bedeckt, auch der Stiel läuft bei Berührung sofort blauschwarz an. Auch dieser Pilz kommt in Laub- und Nadelwäldern auf sauren Böden bei Heidelbeeren und vor allem im Gebirge vor.

Der Netzstielige Hexenröhrling ist ein ausgezeichneter Speisepilz, der gut bekömmlich ist, wenn man auf den Genuß von Alkohol verzichtet. Und das nicht nur zum Pilzgericht, sondern auch 3 Tage vorher und nachher!

Netzstieliger Hexenröhrling mit typischer Aderung am Stiel

Faltentintling ja – aber ohne Alkohol

PILZZUCHT IM EIGENEN GARTEN

Wer kennt sie nicht, die Pilzfreunde, die Reste, die vom Pilzeputzen übriggeblieben sind, immer wieder aufs neue voller Hoffnung im Garten verstreuen, um vielleicht einmal ihre Lieblingspilze im eigenen Garten ernten zu können? Zugegeben, schaden kann es ja nicht, aber ehrlich gesagt, besonders erfolgreich war es auch noch nie – oder haben Sie daraufhin schon einmal Herrenpilze aus dem Gemüsebeet geholt?

Eine weitaus erfolgversprechendere Methode ist da das Verwenden von reifen Pilzhüten, die über Nacht auf eine Glasplatte gelegt werden. Das dabei ausgefallene braun-schwarze Sporenpulver wird dann von der Glasplatte in eine Gießkanne gespült, mit einigen Tropfen Geschirrspülmittel versetzt (um die Oberflächenspannung zu verringern) und dann im Garten zum Gießen verwendet. Natürlich müssen auch die Lebensbedingungen passen, die die Sporen zum Keimen bringen: Für jede Pilzart gibt es andere, ihr zusagende Entwicklungsbedingungen, die Sie für die in diesem Buch beschriebenen Pilze in der Rubrik „Standort“ und „Sammeltips“ nachlesen können. Beispielsweise lassen sich Champignons oder Schopftintlinge auf diese Weise gut im eigenen Naturgarten zum Wachsen animieren. Trotzdem heißt es erst einmal warten und auf den Zufall sowie die hoffentlich guten Entwicklungsbedingungen vertrauen. Es kann mehrere Jahre dauern, bis sich das Pilzmyzel so weit ausgebreitet hat, daß es auch fruchtet und die langersehnten Pilze wachsen läßt.

Im Unterschied zur Pilzzucht wird bei dieser Hobby-Pilzsammler-Methode nicht auf das schon ausgebildete Pilzmyzel zurückgegriffen, sondern „nur“ auf selbst gewonnene Sporen.

Die Fertigkeit, mit Hilfe dieses Myzels Pilze unabhängig von geografischen und klimatischen Bedingungen wachsen zu lassen und ernten zu können, hat auch schon so manchen Pilzfreund auf die verlockenden Angebote diverser Pflanzenversandfirmen zurückkommen lassen, die Champignons und Braunkappen sogar im dunklen Keller im Styroporbehälter wuchern lassen. Am besten gelingen diese Pilzzuchtversuche letztendlich im beheizten Gewächshaus.

Die Pilzzucht ist sowohl bei uns (Champignons) als auch im asiatischen Raum (Shitake-Pilz, Judasohr) schon Jahrtausende alt. Champignons werden in Europa seit dem 17. Jahrhundert gezüchtet, vor allem in Käselagerhöhlen oder Bergwerksschächten, die mit dicken Lagen von Mist, Stroh und Sägemehl bedeckt wurden. Seit dem Zweiten Weltkrieg wurden auch Erfolge bei der Kultur von Holzbewohnern wie Stockschwämmchen und Austernpilzen gemacht (das gelang bis dahin nur den Asiaten), die heute ja auch schon zu Marktgrößen geworden sind.

Vor allem in Spezialbetrieben werden sie in Intensivzucht auf gedüngten Sägespänen gezüchtet.

Doch was ist denn nun zu tun, wenn man Pilze im eigenen Garten kultivieren möchte? Wer holzbesiedelnde Pilze züchten möchte, braucht eigentlich nicht viel: ein schattiges, geschütztes Plätzchen unter Bäumen oder Sträuchern im eigenen Garten oder auch auf der Dachterrasse oder dem Balkon, Stücke von Harthölzern (Buche, Eiche oder Weichhölzer wie Birke) samt Rinde, die nicht länger als 4 Monate gelagert wurden, die nötige Pilzbrut, etwas Werkzeug und viel Lust und Liebe sowie Experimentiersinn.

Besiedelbares Substrat

- **Holzspäne und Sägemehl:** Dies geht zwar schneller bei der Besiedelung, das Material ist jedoch schnell verbraucht. Die Mühe lohnt sich für den Hobbygärtner fast nicht.
- **Holzstämme:** Harthölzer werden zwar langsamer besiedelt, doch ergeben sich wesentlich längere Ernteperioden und höhere Erträge als bei Weichhölzern. Bevorzugen Sie also Eichen (*Quercus*), Rotbuchen (*Fagus sylvatica*) oder bei den Weichhölzern Birke (*Betula*) oder Schwarzerle (*Alnus glutinosa*). Sie können die Holzarten ja auch mischen.

  In jedem Fall sollten die Stämme nicht länger als vier Monate, aber auch nicht kürzer als sechs Wochen gelagert worden sein, um ausschließen zu können, daß sie bereits von anderen Pilzen – besonders Schimmelpilzen – besiedelt wurden oder noch so viele Gerbstoffe enthalten, daß sie einen natürlichen Schutz gegen Pilze besitzen.

  Die Rinde der Stämme darf aus demselben Grund nicht beschädigt sein, und das Holz darf weder rissig noch ausgetrocknet sein.

  Die Holzstücke sollten eine Länge von einem Meter und einen Durchmesser von maximal 25 cm aufweisen.

- **Stroh oder Holzschnitzel-Stroh-Substrat:** Es wird ein Bett von 20–30 cm Dicke hergestellt, satt durchfeuchtet und festgetreten. Dann wird die Pilzbrut aufgebracht und mit einer dünnen Schicht Substrat abgedeckt. Da das Bett immer feucht gehalten werden muß, empfiehlt es sich, eine dünne Erdschichte aufzubringen.

Pilzbrut

Folgende Pilzarten können relativ leicht kultiviert werden, die passende Pilzbrut ist im Fachhandel erhältlich. Suchen Sie sich die gewünschte Pilzart sowie die für Sie passende Beimpfungsmethode aus dem folgenden aus:

- **Zucht auf Strohballen oder Mist-Stroh-Substrat**
  Champignons (Zuchtchampignons *(Agaricus bisporus???)*, Stadtchampignons *(Agaricus bitorquis)*, Braunkappe = Riesenträuschling *(Stropharia rugosoannulata)*)
- **Zucht auf Holzstämmen oder Sägespänen**
  Austernseitling (*Pleurotus ostreatus*) – Der Vorzug dieses seit jeher geschätzten Pilzes ist, daß er den ganzen Winter über fruktifiziert, wenn Frischpilze rar sind (nicht so der Florida-Seitling!).
  Florida-Seitling (*Pleurotus ostreatus* var. Florida)
  Stockschwämmchen *(Kuehneromyces mutabilis)* – einer der besten Speisepilze, es werden nur die Hüte verwendet.
  Samtfußrübling *(Flammulina velutipes)* – ebenfalls ein Winterpiz, besser auf Weichholzarten zu kultivieren (Weide, Pappel).
  Rauchblättriger Schwefelkopf *(Hypholoma capnoides)* – auf Nadelhölzern (Fichte, Tanne, Lärche, Kiefer) zu kultivieren.
  Shiitake-Pilz *(Lentinula edodes)* – Dieser Pilz kommt bei uns wildwachsend nicht vor. Er ist im asiatischen Raum ein uralter Kulturpilz, dem neben seinem vorzüglichen Geschmack auch erheblicher medizinischer Wert zugesprochen wird (stärkt das Immunsystem, Antikrebswirkung). Die Zucht erfolgt auf Eiche oder Kastanie und ist insofern komplizierter, als vom Impfzeitpunkt bis zum Auftreten der ersten Fruchtkörper ein längerer Zeitraum (bis zu 2 Jahre) verstreicht, besonders wenn Impfdübel verwendet werden. Es gibt aber einen Trick: Die Fruchtkörperbildung kann bei diesem Pilz durch einen Schock ausgelöst werden: Die schon

besiedelten Hölzer werden 24 Stunden in Wasser getaucht und anschließend kräftig auf den Boden aufgeschlagen. Nach 1–2 Wochen erscheinen die ersten Fruchtkörper, wenn die Stämme regelmäßig beregnet werden.

Hallimasch (*Armillaria ostoyae*) – darf keinesfalls gezüchtet werden, da er ein gefährlicher Schädling ist, der auch lebende Bäume befällt.

Die im Handel erhältliche Pilzbrut ist als **Impfdübel** (= mit Pilzmyzel durchwachsene Holzdübel) oder als **Körnerbrut** (= mit Pilzmyzel bewachsene Getreidekörner) verarbeitet.

Impfdübel sind einfach zu verarbeiten, allerdings wenig ergiebig und daher relativ teuer. Da die im Holz eingebrachte Menge an Pilzmyzel relativ gering ist, dauert auch die Besiedelung der Hölzer relativ lange (verwenden Sie daher nur Hölzer mit geringem Durchmesser).

Körnerbrut ist ergiebiger, und die Hölzer werden schneller durchwachsen. Der Aufwand zur Beimpfung ist jedoch viel größer.

Beimpfung

Beimpfung mittels Impfdübeln: Wie schon erwähnt, ist die Beimpfung mittels Impfdübeln sehr einfach: Mit einem 8-mm-Bohrer werden entsprechend der Länge der Impfdübel über den gesamten Stamm Löcher gebohrt, in welche die 2 Minuten vorher in warmem Wasser eingeweichten Dübel mit dem Hammer geschlagen werden. Es sollten auf einen Laufmeter Stamm mindestens 35 Impfdübel verwendet werden.

Beimpfung mittels Körnerbrut: 1 Liter Körnerbrut reicht für 4–5 Hölzer von 1 m Länge, Stämme und Äste von 10–25 cm Durchmesser.

1. Bohrlochimpfung

Die kräftig gewässerten Hölzer werden im Abstand von 15 cm spiralförmig mit 1 cm großen Löchern versehen, die 3/4 so tief sind wie die Holzdicke. Die Körnerbrut wird in die Löcher gestopft, die mit Holzpfropfen verschlossen werden. Gut ist es auch, sie noch zusätzlich mit Wachs zu verschließen. Es können auch mit einem Forstner-Bohrer (Durchmesser 3 cm) Löcher ins Holz gebohrt werden, die wieder verschlossen werden (mit Holzpfropfen und Wachs oder mit Klebeband).

Bohrlochimpfung

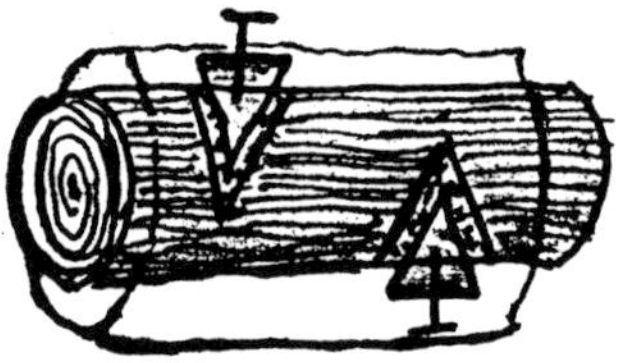

Keilimpfung

Sägeschnittimpfung

2. Keilimpfung
Die Stämme werden bei je 1/3 der Holzlänge mit Keilen versehen, die zu 3/4 der Stammdicke betragen. Diese werden mit Brut beschichtet, die Keile aufgenagelt und der Stamm in Folie gewickelt.

3. Sägeschnittimpfung
Die Stämme werden bei je 1/3 ihrer Länge 2 x zu 3/4 ihrer Stärke (1 cm breit) angesägt, die Brut in die Schlitze gestopft und mit Plastik verschlossen (angenagelt oder verklebt). Wird eine Kettensäge verwendet, so erhalten Sie die gewünschte Breite!

Beimpfung von Baumstümpfen und stärkeren Stammstücken

Da Baumstümpfe gefällter Bäume durch ihre Wurzeln optimalen Bodenkontakt haben, sind sie zur Pilzkultur hervorragend geeignet. (Sie sollten allerdings im Schatten stehen.)

Wässern Sie die Schnittfläche gründlich, verteilen Sie darauf die Körnerbrut etwa 1 cm hoch und pressen Sie sie gut an. Seitlich wird ein Plastikstreifen an-

Baumstumpf mit Körnerbrut und Baumscheibe als Abdeckung

Zwei kurze Stämme durch aufeinanderstellen mit Brut beimpft

gehaftet, damit die Brut geschützt ist und nicht herabfällt. Sie wird mit feuchtem Sägemehl 2–3 cm dick bedeckt und mit Plastikfolie abgebunden oder mit einer 5–6 cm dicken Scheibe des gefällten Stammes, die aufgenagelt wird, bedeckt. Ähnlich können auch Stämme ab 20 cm Durchmesser beimpft werden, in dem sie auf 60 cm Länge gegeneinander gestellt werden und an den Kopfscheiben – wie oben beschrieben – beimpft werden. Die Grube wird zugeschüttet und mit Brettern und Folie dicht abgedeckt.

Es können aber auch 2 kürzere Stammstücke übereinander gestellt werden, was den Vorteil hat, daß beide Stämme von einem Impfsubstrat besiedelt werden.

Besiedelungsphase

Nach der Beimpfung werden die Stämme am besten liegend in einer Miete im Schatten, mit sauberem, schimmelpilzfreiem Stroh bedeckt, gelagert. Über die Miete (und zwischen die Stämme) kommt Stroh und darüber eine gelochte Plastikfolie, die einen Luftaustausch ermöglicht, aber feucht hält. Das Stroh in der Miete sollte stets leicht feucht sein. Optimale Wachstumstemperaturen sind zwischen 20 und 25° C, das Myzelwachstum beginnt bei 10° C. Nach acht Wochen bei mindestens 15° C ist das Myzel so weit entwickelt, daß es frosthart ist und im Freien überwintern kann.

Erntephase

Der Beginn der Erntephase hängt von der Holzart, vom Stammdurchmesser und der Temperatur ab. In der Regel beginnt sie 5–12 Monate nach der Beimpfung, wenn das Pilzmyzel etwa 20 cm tief in das Holz eingewachsen ist. An der Stirnseite der Hölzer hat sich bis dahin ein weißes, filzig-dickes Pilzmyzel gebildet. Nun werden die Hölzer an ihren endgültigen Standort im Garten gebracht und aufrechtstehend gestellt. Für die Pilze ist ein möglichst feuchtes Mikroklima wichtig, d.h. sie sollten zwischen schattenspendenden Sträuchern oder Bäumen plaziert werden. Schützen Sie Ihre Pilzkultur vor Mäusen, Schnecken und anderen Schädlingen, es wäre schade darum!

Bei optimalen Bedingungen bringen die Stämme einen Ertrag von ca. 20 % des Holzgewichtes, verteilt über mehrere Saisonen.

LITERATUR

Carlucco — Pilze für Feinschmecker, Heyne Verlag, 1996

Dähneke, Rose Marie — 1200 Pilze in Farbfotos, AT Verlag, Aarau 1993

Falken-Handbuch — Pilze, Falken-Verlag, 1979

Laux, H. E. — Der große Kosmos Pilzführer, Kosmos Verlag, Stuttgart 2001

Marti, Oskar — Sommer in der Küche, Hallwag Verlag,1994

Dippelreither, Reinhard — Das Waldkochbuch, Pichler Verlag, Wien 1999

Mayer, Elisabeth — Wildfrüchte – Gewürze – Kräuter, Erkennen, Sammeln und Genießen, Stocker Verlag, Graz 1999

Mayer, Elisabeth — Die besten Wildfruchtrezepte, Stocker Verlag, Graz 2002

Portisch, Hugo — Pilze sammeln – ein Vergnügen, Orac Verlag, Wien 1994

Till, S. + W. — Pilze – Sammeln, Kochen und Genießen, NP Verlag, ST. Pölten 2002